房地产税离我们并不远

贾 康 /等著

人 民 出 版 社

前　言

房地产税离我们有多远?

这是一个我们都非常关注的话题。

然而，对于房地产税，有许多基本知识可能还是我们所不清楚的，比如：什么是房地产税，为什么要开征房地产税，为什么是保有环节，中国香港及国外的房地产税是怎样的，中国历史上的房地产税是怎样的，什么是物业税“空转”试点，为什么房地产税的改革曾在上海、重庆称为“房产税改革试点”？等等。

对于房地产税，有许多激烈争论可能是我们所疑惑的，比如：开征房地产税是否有法理依据，土地出让金与这个税是否形成了不可接受的双重征收，我国的城镇土地国有制是否与此税存在不可调和的冲突，这个税种的受益和受损群体是谁，与房地产发展、房价问题有何关系，与“土地财政”和分税制改革又有何关系？等等。

对于房地产税，又有许多标准可能是我们最为关心的，比如：我国今后推出的房地产税可能会是什么样子，征收标准会怎样，“新房”与“旧房”是否区别对待，是针对高档住宅还是普通住宅，是基于人均面积还是房屋套数征收，是基于市场成交价格还是评估价值进行计算，采用比例税还是累进税，怎样估价，怎样缴纳，是循序渐进还是一步到位？等等。

本书没有采用太多专业语汇或学术论述，力求不高深也不晦涩，写作的特点在于始终沿着与房地产税相关的高频问题这一主线，条理化地回应读者关心的问题，并囊括了“小知识”、“导读链接”、“深度阅读”、“观点之争”等有趣的模块，因而可以实实在在地帮助感兴趣的朋友们认识和讨论房地产税这一与我们生活息息相关的“新鲜事儿”。

在此，我要衷心感谢我的两位合作者财政部财政科学研究所邢丽研究员和苏京春博士为本书撰写倾注的心血和付出的辛勤努力，衷心感谢人民出版社领导和曹春编审对本书出版所给予的指导和支持。书中内容恐难免有不当之处，欢迎各位读者批评指正。

房地产税，与其围观，不如开卷。

贾　康

2015 年 1 月

目录

什么是房地产税？

1. 什么是房产税和房地产税？与“物业税”、“不动产税”、“财产税”、“房地产税体系”等概念有何区别？

本书中所称的房产税，是1986年全国人大授权国务院依照暂行条例开征的税种，当时个人住房免纳房产税。但在2011年，上海、重庆两地，在房产税的框架内启动了把居民住房的一部分纳入征税范围的改革试点，引起了社会各界高度关注和热议。这种在居民住房的保有（持有）环节于我国从无到有的税收，在党的十八届三中全会的《决定》中，又称其为房地产税，要求加快房地产税立法并适时推进改革。

要弄明白什么是“房地产税”，首先要理解什么是“房地产”。实际上房产和地产合在一起就叫“房地产”，指的是土地、建筑物及附着在土地、建筑上不可能分离的部分及其附带的各种权益。无论是房产还是地产，无论从自然属性还是从法规角度来讲，一般都具有不可移动的特点，所以房地产又被称为不动产。房地产与我们老百姓日常生活密不可分，可以说是生存和发展的基本条件之一。我们日常居住的房屋、上班地的写字楼、购物去的商场、旅游住的度假村、公务活动下榻的酒店……无一不属于房地产的范围。

弄明白什么是“房地产”之后，应可以进一步搞清楚什么是“房产”。房产属于房地产范围，法律上房产特指房屋产权，是房屋的所有者按照国家法律规定所享受的权利，包括对房屋财产的占有权、使用权、收益权和处分权。房屋产权通常并不是单一的，而是一种复合权利，包括两个组成部分：一个是房屋所有权，一个是土地使用权。这一点特别值得注意。在我国，房产中的房屋所有权是没有规定期限的，也就是说房屋所有权的期限为永久所有；而房产中的土地使用权有明确规定的使用期限。按照法律对具体土地的规定，分为40年、50年或70年不等。日常生活中，我们在买卖房屋的过程中，经常听到关于房屋多少年产权的讨论，其实概念上并不准确，因为这种讨论通常针对的并不是整个房屋产权，而只是房屋产权中的土地使用权。

房地产税体系的概念比房地产税的概念要宽泛许多，指的是国家或地区对房地产课税的总称，是由各种不同的与房地产相关的税组合形成的一整套税收体系。其实，房地产税与我们的日常生活是息息相关的，许多税种并不陌生。在现实生活中，房屋产权通常可以有两种状态：一种是产权所有人**持续**拥有的房屋产权**保有**状态，一种是原产权所有人将房屋产权出售给新产权所有人的房屋产权流转状态。相应地，我们就不难理解“房地产税”主要分为两大类，即保有环节房地产税（房地产保有税）和流转环节房地产税（房地产交易税）。房地产税体现在交易环节中，包括了对房地产转让和租赁时对营业额或收入额征收的营业税及附加，对所有权发生转变时按照房地产价格的一定比例征收的契税，对房地产交易凭证征收的印花税等；房地产税体现在保有环节中，包括了对占有使用城镇土地而征收的城镇土地使用税，以及以房屋为征收对象向房屋产权所有人征收的房地产税等。当然，除此之外，还包括与房地产相关的所得环节，国家对以各种形式进行房地产开发、交易所得利润征收的企业所得税和个人所得税。

在此，特别值得说明的是，我们在本书中所说的“房地产税”，特指在房地产保有环节对房屋征收的税种，是以房屋为征收对象在房地产保有环节向房屋产权所有人征收的一种财产税，也是 2011 年上海、重庆两地推出房产税改革试点时所称的“房产税”新机制。我们国家一直以来强调的“房地产税改革”，主要所指的就是保有环节房地产税的开征以及一系列相关配套改革。

人们往往更为关心的是，“房地产税”的开征是不是简单地增加了一个新税种呢？其实并非如此。在整个房地产税体系中，保有环节房地产税的开征并不是简单地增加一个新税种，而是要对现在房地产税制进行重新设计，使之更为科学合理，符合我国市场经济体制下的现代税制的要求，税种数量是有增有减的。

而提起“房地产税”这个概念，我们还不得不说到在日常生活、新闻媒体中经常看到和使用到的其他概念，主要有“物业税”、“财产税”和“不动产税”。

“物业税”这个概念来源于中国香港，是对不动产出租收入所征收的税种。从税收的专业视角来评定，物业税属于所得税的一种，我们所说的房地产税则是财产税的一种。物业税的征收对象是出租不动产而获得的租金收入，也就是说，香港房屋产权的所有人若将房屋进行出租，并因此获得了租金收入，那么这些租金收入必须按照香港特别行政区的相关法规来缴纳物业税。房地产税的征收对象是房产，这代表着只要房屋是隶属于房屋产权所有人名下，该所有人就必须按照规定缴纳房地产税。

其实，我们对“物业税”这个说法并不陌生，早在 2003 年，我国就开启了“物业税模拟空转试点”。在此特别值得注意的是，虽然空转的税名字叫做“物业税”，但是这轮试点所尝试开展的税却并不是香港特别行政区所指的本来意义上的物业税，而是真正意义上的保有环节房地产税。换句话说，房地产税的空转和试点在启动之初只是借用了香港“物业税”这样一个名字，并且这个名字已经在 2010 年前后被逐渐淡化，转而更多地采用

“房地产税”的说法。然而，由于曾经采用过“物业税”的名称，所以现在无论是学界、媒体还是百姓口口相传中有时候仍然习惯继续沿用。虽然这两种说法不同，看上去像是在说两种不同的税，但实际上在我国的改革中所指的税种一直没有变过，也没有任何不同，都是指保有环节开征的房地产税。

财产税的概念最初源于欧美等发达国家，英文叫做“Property Tax”，直译成中文就是“财产税”。在财产税体系中最重要的部分就是房地产税。这种税以土地及建筑物等不动产为课税对象。严格地讲，财产税是一个更为综合的概念，包含的税种更多，范围也更加广泛，房地产税往往作为一个重要的组成部分涵盖在其中。但在美国，在地方政府层面开征的房地产税，大都命名为“财产税”。

不动产税的概念与房地产税没有多大的区别。“不动产”听起来似乎要比“房地产”的概念要宽泛一些，但是在实际的经济生活中，不动产通常或说主要指的就是土地和房屋。

2. 为什么要开征房地产税?

房地产税可以带来多种正面效应。

首先形成了不动产（包括住房）保有环节各个年度对于持有者的税收负担，即形成依据税法的住房持有成本，有利于抑制对于住房的市场炒作和炒作引起的泡沫化倾向，有助于房地产市场的健康发展和房价的沉稳。所以说，房地产税可促使我国房地产调控体现应有的“治本”水准并形成长效机制。

房地产税还能够帮助增加住房市场上购房者对中小户型的需求。房地产税的一大作用就是调节房地产消费的高端，特别要针对面积特大、特别奢华、普通百姓难以企及的住房来征收，而这样的调节至少将产生两个效果：第一，经济实力尚未达到相应水准的但原本想“跳一跳摘果子”的购房者会受到房地产税的影响而放弃购买此类住房；第二，热衷于追求建造所谓“高、大、上”小区而瞄准少数高端购房者市场的部分房地产开发商会考虑转向多建中低端住房。这样一来，一方面，我们在有限的土地面积上能够得到更多的住房，实现土地资源的集约利用，这对于我国这样的人口大国而言是非常重要的；另一方面，减少占地面积大、奢华型住房的数量，对于我们国家城镇化发展的健康和谐也有重要意义。

房地产税有利于减少中低收入者的“税收痛苦”。好多人认为房地产税的开征会增加一般老百姓的税收负担，但实际上并不是这样的。从税收种类上来说，房地产税这样的财产税属于直接税，开征房地产税就意味着提高我国税收体系中直接税的比重、降低间接税的比重。直接税不像间接税那样容易转嫁，也就是说可以如愿以偿地调节到社会收入结构中的高端人群，从而可以置换、替代间接税收入，减少中低收入人群的税收负担和税收痛苦。我国的税收体制一直都是间接税比重偏高，而间接税带来的税收负担，很容易转移给中低收入人群，所以中低收入群体税负总体上来看是偏重的。房地产税的开征，一方面，可以将以往开征的多种间接税负担并入房地产税这一个税种中，减少大多数老百姓的税收负担；另一方面，作为直接税，房地产税的税负不能轻易转嫁给别人。房地产税主要是调节高端人群的收入状况，可以让更多高收入者、富裕者缴纳更多的税收，为大多数老百姓减少税收负担，在实际运行中具有非常明确的“削富济贫”效果，不会增加老百姓的税收负担。除此之外，房地产税所增加的税收收入还可以优先用于住房保障体系建设，定向使用，造福于民。

小知识：直接税和间接税

直接税是指纳税义务人同时是税收的实际负担人，纳税人不能或不便于把税收负担转嫁给别人的税种。典型的直接税包括所得税、房地产税、遗产税等。

例如：如果某一个人所得收入是 4 000 元，减去免征额 3 500 元，剩余数额是 500 元，按照 3%的个人所得税率，需要缴纳 15 元个人所得税。这种税只能纳税人自己来承担，不能转嫁给别人，所以这种税是典型的直接税。

间接税是指纳税义务人并不是税收的实际负担人，纳税人能够通过提高价格或收费标准等方法把税收负担转嫁给别人的税种。典型的间接税包括消费税、销售税、营业税等。

例如：一件商品进货价是 8 元，定价为 10 元，那么销售商的利润是 2 元；而国家现在决定对它征收销售税 2 元，那么此时销售商的利润变成 0 元；为了维持 2 元的利润，销售商决定将商品定价提高至 12.5 元，扣除 20%的销售税 2.5 元，利润依然可以维持在 2 元。消费者原来购买这件商品只需要 10 元，现在却需要 12.5 元。因此，销售商较容易将名义上应该自己承担的销售税转为由消费者承担，这种税就是典型的间接税。

在保有环节房地产税的调节下，形成合理的局面应该是，先富起来的人、住豪宅的人、有多套房的人，他们适当地对公共财政收入多做一些贡献，这符合支付能力原则，不会对他们伤筋动骨。而公共财政收入中添加了这样一些财力后，在更好地优化税制的同时，可以更好地去扶助处于相对弱势的社会成员，使其共享改革开放的成果，提升他们的幸福感。

由于房地产税与社会公众的不动产形成十分直接的关联，客观上可以推进我国“税收法定”和税务民主化、法治化的制度建设。它作为配置在地方、基层的直接税，牵动千家万户的利益，十分需要在社区、地方辖区形成广泛、实质性的公众参与，以高透明度首先满足公众的知情权，进而公众就会运用质询权、建议权、监督权、问责权，培养和形成民主化、法治化的制度要素和社会习惯，带动纳税意识、公民意识、公众参与式预算的公众培训和机制培育。这对于必须大力提高现代国家治理水平的中国，意义深远，等于是以基层“民主税”式的制度建设来推进民主化、法治化进程。

除此之外，保有环节开征房地产税的主要原因还涉及宏观层面，这个层面理解起来相对抽象，但是却也实实在在与我们国家经济的长期发展息息相关，与我们老百姓是唇齿相依的。

开征新房地产税不仅事关现有房地产税收体系的重新调整，而且涉及我们国家分级分税财政体制改革的深化，是一个需要通盘考虑的中长期制度建设问题。从房地产税改革试点入手，目标是打造我国地方政府所必须掌握的地方税体系中主体税种的框架，为在省以下贯彻落实分税制和使地方政府行为依合理的制度安排而长期化创造基本条件。使房地产税逐步成为地方政府的主要税源之一，不仅在大多数区域具有城镇化、工业化推进中的现实可能性，而且有“内生地”引致地方政府职能按照市场经济客观要求实现合理转化的“内洽性”。当地方政府感知这一税收可提供大宗、稳定的税源，并且需要隔一段时间重评一次税基的情况下，会倾向于专心致志地提升本地公共服务水平，优化本地投资环境，以促使辖区内不动产进入升值轨道，这样本地政府的“财源建设”问题就会自然而然地解决了。这种地方政府职能的自觉转变，对于中国的市场经济体制建设的贡献，是具有全局意义的。

房地产税改革也是我国新一轮房地产“调控新政”中的制度建设内容，事关各方的利益和调控的水准与中长期效果。房地产领域的重要性、复杂性和敏感性，随中国经济的成长、经济体制和社会形态的转变而正在前所未有地凸显。

当然，仅仅作为一个税种，房地产税难以改变中国今后几十年城市化水平不断提升中的住房房价上扬趋势和这条“上扬曲线”的基本模样，但房地产税一定有对冲房价上升、使房价上扬过程较为平稳并减少泡沫的效应。

我国住房福利分配制度向市场化配置发生演变以来，已有比较丰富的实践探索。基于相关经验总结和政策理性，我们应当明确树立房地产领域宏观调控层面的“双轨统筹”框架目标，“让政府的归政府，让市场的归市场”。如果我们通盘考虑市场经济发展与和谐社会建设，就必须在信贷手段、行政手段之外，加上改革深化、制度建设、法制进步因素，这样才能在“标本兼治”中，体现“治本为上”的调控高水准，回应各个方面的关切。如果房地产税不出台，仍在进行的这一轮房地产调控与过去若干年的调控将不会有本质区别，也改变不了房地产调控中的保有环节税收的制度缺失问题，甚至很有可能重新陷入治乱循环的怪圈里去。因此，在出台房地产行业相关的税收政策时，应将短期与中长期结合起来考虑，突出制度建设的主线，尽量为中国今后几十年的发展和国家治理现代化打好制度基础。

3. 为什么是保有环节？这个环节上的税会怎样影响住房市场供需？

我国住房保有（持有）环节上，过去没有税收负担，除了使国家丢失了一块税源之外，也丧失了社会管理当局调节影响住房市场供需的一个有用政策工具和管理手段。

在住房市场上的需求中，第一种需求是买了房以后自住。如果在保有环节有了房地产税之后，人们大多会考虑实惠转而购买小一些的户型，这种中小户型需求的上升，正好符合科学发展观的要求。可以集约地利用土地，缓解土地这种最稀缺资源所产生的制约矛盾，房地产税收制度的正面效应会首先在这方面得以很好地体现。

第二种需求是囤房，认为存钱不如存房子。房子在我手上，我买的就是养老保障。但是如果有了保有环节的房地产税，房主就会考虑，既然房子是空着的，那么就可以租出去对冲税负压力，这样整个社会没有增加一分钱实际投入，却提供出很多原来空置的不动产资源，这显然减少了空置率，也就是说提高了不动产资源配置效率，会使供需矛盾得到缓解。这种正面效应在空置率较高的现阶段，将是非常明显的。

第三种需求是转手赚差价，我们称之为炒房（炒楼）。只要在保有环节建立房地产税，不能说一定可以使中国的炒房行为消失，但肯定会使之有所收敛。有一种说法，炒楼可以赚很多钱，不在乎这一年不到1%的税。这话有一定道理，但是征税改变的首先是整个市场氛围，会促使炒房者自己掂量炒什么。是不是会更多地炒中小户型，因为接盘买家很可能需要的是中小户型用来自住。另外，如果担心中小户型出手不顺利，持有成本可能要炒房者自己承担，那么炒房者就会收敛一些"悠着点儿"。也许，原来炒十套八套，现在改炒五套三套。还要注意，这时候租房市场将活跃起来，很多空置房将进入租房市场。另外，近年来政府的廉租房、公租房的大量建设，将涌现出大量低端的有效供给，"收入夹心层"也不必再不顾一切地以当"房奴"的悲壮心情去争抢低端商品房了。这时的炒房者还敢像原来那样无所顾忌、肆无忌惮地炒吗？一定会收敛一些。这就是正面效应，可以减少原来疯炒的力量，促进房地产市场供需矛盾的缓解，向供需平衡方向靠近，从而不会使我们的住房价格在未来一些时候出现过快上涨的势头，也使"大起大落"这种现象的风险随之下降，整个房地产市场就会更平稳，更少些泡沫。有了这个制度因素，从未来几十年的时间段来看，房地产价格的上扬曲线会因此变得相对平缓一些，特别是在演变过程当中，大起大落的波动会减少。这也是非常值得肯定的正面效应。

顺便强调一下，同时伴随的另一个正面效应，就是社会迫切需要的收入再分配效应。前面已经提到过，住房保有环节的税能使住大房、住好房的人对国库多做一些贡献，国库增加这部分收入后，转过去扶助低收入阶层，这是市场经济承认与施行的按照承受能力“抽肥补瘦”的机制。

导读链接：我们国家正在对房地产征收什么税？

我们国家正在流转环节对房地产征税，现行的税种包括：土地增值税、契税、营业税、耕地占用税、城市维护建设税、印花税、个人所得税。

土地增值税

谁要缴纳土地增值税？

中国境内以出售或其他方式有偿转让国有土地使用权和房地产，并且取得收入的企业、单位和个人，要缴纳土地增值税。

土地增值税有法律基础吗？

土地增值税的相关法律是1993年12月13日由国务院发布的《中华人民共和国土地增值税暂行条例》，该条例于1994年1月1日开始实施。

土地增值税税金怎么计算?

土地增值税税金是纳税人转让房地产所取得的增值额计算的。那么，我们非常关心的就是，这个“增值额”是怎么样获得的?实际上，房地产增值额指的就是纳税人转让房地产取得的收入减去扣除项目金额。进一步地，扣除项目又包括哪些呢?我国土地增值税的扣除项目包括：第一，取得土地使用权时所支付的金额；第二，开发土地的成本和费用；第三，新建房以及配套设施的成本和费用，或者旧房以及建筑物的评估价格；第四，转让房地产相关的税金；第五，财政部规定的其他扣除项目。

土地增值税税率是多少?

我国土地增值税采用四级超额累进税率：第一级，增值额不超过扣除项目金额50%的部分，税率为30%；第二级，增值额超过扣除项目50%—100%的部分，税率为40%；第三级，增值额超过扣除项目金额100%—200%的部分；税率为50%；第四级，增值额超过扣除项目金额200%的部分，税率为60%。

契　税

谁要缴纳契税?

中国境内受让、购置、受赠、交还土地权属的各类企业、单位和个人都要缴纳契税。

契税有法律基础吗?

契税的相关法律是1997年7月7日由国务院发布的《中华人民共和国契税暂行条例》，该条例于1997年10月1日开始实施。

契税税金怎么计算？

契税税金的计算要分种类：第一种，土地使用权的出让、出售和房屋的买卖，按照成交价格来计算；第二种，土地使用权和房屋的赠与，按照征收机关参照土地使用权出售、房屋买卖的市场价格核定的水平来计算；第三，土地使用权和房屋的交换，按照所交换的土地使用和房屋价格的差额来计算。

契税税率是多少？

我国契税采用比例税率，各省、自治区、直辖市有所不同，由当地人民政府来决定，范围是3%—5%。

营业税

谁要缴纳营业税？

在中国境内提供应税劳务、转让无形资产或者销售不动产的单位和个人都要缴纳营业税。

营业税有法律基础吗？

营业税的相关法律是1993年12月13日国务院发布，2008年11月5日国务院第34次常务会议修订通过的《中华人民共和国营业税暂行条例》。

营业税税金怎么计算？

销售不动产的营业税税金按照全部价款和价外费用计算。

营业税税率是多少？

我国营业税采用比例税率，税率为 5%。

耕地占用税

谁要缴纳耕地占用税？

占用耕地建房或者从事其他非农业建设的单位和个人，都要缴纳耕地占用税。

耕地占用税有法律基础吗？

耕地占用税的相关法律是 2007 年 12 月 1 日由国务院发布的《中华人民共和国土地耕地占用税暂行条例》，该条例于 2008 年 1 月 1 日开始实施。

耕地占用税税金怎么计算？

耕地占用税税金按照实际占用的耕地面积来计算。

耕地占用税税率是多少？

我国耕地占用税的税率为 5—50 元 / 平方米。

城市维护建设税

谁要缴纳城市维护建设税？

缴纳消费税、增值税、营业税的单位和个人，都要缴纳城市维护建设税。

城市维护建设税有法律基础吗？

城市维护建设税的相关法律是1985年2月8日国务院发布的《中华人民共和国城市维护建设税暂行条例》。

城市维护建设税税金怎么计算?

城市维护建设税税金按照纳税人实际缴纳的产品税、增值税、营业税税额计算。

城市维护建设税税率是多少?

我国城市维护建设税税率分区域有所不同:纳税人所在地为市区的,税率为7%;纳税人所在地为县城、镇的,税率为5%;纳税人所在地不在市区、县城或镇的,税率为1%。

印花税

谁要缴纳印花税?

在境内书立、领受相关凭证的单位和个人,都要缴纳印花税。其中,与房地产相关的凭证有财产租赁等具有合同性质的凭证和产权转移书据。

印花税有法律基础吗?

印花税的相关法律是1988年8月6日由国务院发布的《中华人民共和国印花税暂行条例》。

印花税税金怎么计算、税率是多少?

我国印花税按照不同的合同类型以不同的税率征收:购销合同为购销金额的3‰;加工承揽合同为加工或承揽收入的5‰;建设工程勘察设计合同为收取费

用的5‰；建筑安装工程承包合同为承包金额的3‰；货物运输合同为运输费用的5%；仓储保管合同为仓储保管费用的1‰；财产租赁合同为租赁金额的1‰。

个人所得税

《中华人民共和国个人所得税法》规定，特许权使用费所得，利息、股息、红利所得，财产租赁所得，财产转让所得，偶然所得和其他所得，适用比例税率，税率为20%。其中，财产租赁所得和财产转让所得中，就包括房地产出租所得和出售所得。2011年新“国八条”未出台之前，房地产流转的个税往往通过各种手段进行避税处理，而随着新“国八条”和2012年新“国五条”的出台，房地产流转环节的个人所得税征缴更加严格。

4. 进一步理解房地产税还需要哪些与土地相关的基本常识?

我们已经知道，房地产实际上就是房产和地产的综合，并且房产由房屋所有权和土地使用权两个权所复合而成。房屋所有权非常容易理解，无论是一手房还是二手房，无论是通过购买还是赠与，房本写上谁的名字，房屋所有权就是谁的，这个一目了然。而对于土地使用权来说，就没有那么容易理解了，这里面涉及一些看上去似乎不太清楚的问题。实际上，这些看上去似乎不清楚的问题又是非常重要的。由于这些问题与我们国家的土地性质、土地制度和财政体制等相关，在改革开放后一直进行的经济社会转轨中，许多社会上、媒体上的相关流行认识、传言和尝试性理解的内容中，往往存在扭曲和不准确之处，所以在进一步理解房地产税之前，还特别有必要对与土地相关的基本常识进行相关了解。

为什么个人房产只有土地使用权而没有土地产权？我国现行法律规定，城镇建成区的土地都属于国家，农村的农田、宅基地等都属于集体，居民个人并不能拥有土地最终所有权，只能是拥有土地使用权。国外许多国家个人是能够拥有土地所有权的。这就是中国国情的一个重要特点。一句话来讲，我们国家的土地所有权性质属于公有制，与国外可以存在的土地私有制完全不同。

土地公有制是指全部或者部分劳动者共同占有土地的一种制度。从原始社会的氏族公社开始，就有土地氏族公有的制度，但当时是由于生产力水平低，人们必须依靠氏族的集体力量来生存。后来随着生产力发展，土地氏族公有发展成为土地私有，从而使土地变成私有财产。社会主义革命胜利后，出现了社会主义土地公有制。从我国的具体情况来看，是在20世纪50年代实现农业的社会主义改造之后，将土地所有权和使用权进行分离，来实现的土地公有制的全面建立。按照我们国家的宪法和土地管理法规定，我国实行的是土地的社会主义公有制，也就是全民所有制和劳动群众集体所有制，城镇市区和工矿区的土地属于全民所有也就是国家所有。土地集体所有制现在在我国指的就是农村土地的集体所有形式，是劳动群众作为土地所有人集体占有土地，是经过对原来农民小土地私有制改造建立起来的。按照我国宪法的规定，农村和城市郊区的土地，除了依照法律规定的属于国家所有的范围以外，都属于集体所有。

总的说来，我国现在的土地性质属于社会主体公有制和劳动群众集体所有制，所有权和使用权是分离的，在所有权方面强调的是共同所有。因此，在我国个人并不能拥有土地所有权，或者抽象来理解，也可以认为我们国家人民群体中的每一位都拥有不可分割的公有或集体所有的土地产权的一部分。这样就不难理解为什么土地的权利具体到个人私有层面只能拥有土地的使用权了。

土地使用权为什么有年限？到期后怎么办？清楚我国的土地性质之后就知道，在我国，土地所有权是个人所不能拥有的，而个人能够拥有的土地使用权是有年限的，而且有些土地使用权的年限是70年，有一些是50年、40年。这是为什么呢？土地使用权到期之后怎么办呢？要弄明白这些，就必须继续深入了解我们国家现在采用的土地制度。

土地批租制度也叫做土地出让金制度。在我国，现在取得土地使用权的环节采用的主要是土地批租制度。土地批租制度最早起源于英国，英文叫做 Grand-land Approach。英国人发明的这个制度除了在英国本土使用外，在香港使用的情况也具有典型意义。香港的土地面积只有 1071 平方公里，但是人口却超过 600 万，是典型的人稠地少的地区，土地的供应和使用面临很大的压力，所以土地批租制度比较有利于严格按照土地开展和区域发展的通盘规划有效利用土地资源。这种制度的逻辑前提是，土地的所有权和使用权可以分离。具体操作就是政府作为土地所有者将一定面积地块的土地的使用权租给土地使用者，土地使用者为使用该地块必须满足一定的条件，如付出租金，并且该地块的使用有严格的期限规定。在期满之后，土地所有者有权收回土地和地上的建筑物。特别值得说明的是，土地使用者为使用地块付出的价格，就是我们所说的土地出让金，所以土地批租制度也叫做土地出让金制度。

我们国家的土地批租制度是改革开放后从香港借鉴的，因此有必要对香港土地批租制度进行一下全面了解。

在土地批租制度下，香港土地使用权的出让有两种主要方式：一种是公开拍卖；另一种是协约批租。公开拍卖的土地一般用作盈利性质的工商业和商品房建设等等。土地公开拍卖；谁出价高谁就可以取得土地的使用权，土地使用者的出价最终归入香港的财政收入，所以公开拍卖显然能够让政府从中获得最高的收入，有更多的资金来用之于民。协约批租的土地一般用作社会公益、教育、宗教和慈善等等。协约批租注重的是提高民众福利，所以一般收取很低的价格或甚至直接免费出让土地使用权。在批出的土地使用权年限方面，香港政府的规定前前后后经历几次变化，现在的年限规定是75年。按照规定，有些土地可以续期，而有些土地则不可以续期。可以续期的土地，在期满也不需要再补交地价，只需要象征性地缴纳一定的租金就可以了；在批出的时候规定不能续期的土地，在期满之后也可以提出续期的申请，具体的结果要看政府对申请的回复。如果续期获得批准，那么必须要按照规定再次缴纳第二个75年的地租，如果续期没有获得批准，那么就将土地和土地上附着的建筑物交还。除了常规的土地批出以外，对于康乐用地和加油站用地等，香港政府也会按照10年至21年不等的期限批出，或者为了不浪费资源，对于一些没有批出的土地，香港政府也会按照1年至3年不等的期限批出，用作露天的停车场或货场等。当然，上面所讲的这些都还只是一些基本的规定，实际上，对于每一个不同的地块，香港政府都规定了比较严格和细致的使用条件，大到这个地块的用途，小到这个地块的建筑高度都有明确的规定。土地一旦批出，承租人就拥有了使用土地的权利，但同时也必须承担这块土地基本规定要求的义务。

在没有引进香港土地批租制度之前，中国大陆在公有制和计划经济体制下，国家的城市建设用地都是无偿使用的。顺应1978年改革开放的浪潮，1979年7月1日，我国颁布了《中华人民共和国中外合资企业经营法》，开启了城市建设用地从无偿使用转变为有偿使用的端口。由于允许外企和国企合营，所以国企可以通过提供场地使用权来作为变相投资。如果提供场地使用权没有被算作投资，那么合营的企业就要向政府缴纳使用费。经过7年的运转后，我们国家在1986年通过土地管理法的形式确定了国有土地有偿使用的制度，并于第二年在深圳试点，借鉴香港的土地批租制度经验实施土地使用权出让转让制度。1990年，国家正式出台了《中华人民共和国城镇国有土地使用权出让和转让暂行条例》，对土地使用权的出让和转让作出了明确、详细的规定。随着1992年社会主义市场经济体制的建立，在1994年出台的《中华人民共和国城市房地产管理法》中规定了土地使用权可以通过招标、拍卖、挂牌（也就是通常所说的“招拍挂”）和协议的方式进行出让。又经过近10年的运转，2002年和2003年分别以法规形式出台了《招标拍卖挂牌出让国有土地使用权规定》和《协议出让国有土地使用权规定》。

对以上信息进行梳理，我们可以了解到，由于采用的是土地批租制度，是在土地国有制下将城镇土地的所有权和使用权分离，即将土地的使用权转让出去，并且这种转让是由承租人缴纳一定的金额来买断一个规定期限，所以我们国家的土地使用权是有明确年限的。按照土地使用权出让和转让，并根据土地用途作出的最高年限规定，居住用地批租的最高年限是70年，工业用地是50年，教育、科技、文化、卫生、体育用地是50年，商业、旅游、娱乐用地是40年，综合或者其他用地是50年。如此就可以清晰地理解为什么我们在日常生活中接触到的土地使用权年限是不同的。因为土地使用权在出让和转让的过程中要遵循土地不同用途下不同的批租最高年限的规定，期满后继续续约方才可以继续使用。（需注意：《中华人民共和国城镇国有土地使用权出让和转让暂行条例》第六章第四十一条明确规定：土地使用权期满，土地使用者可以申请续期。需要续期的，应当依照本条例第二章的规定重新签订合同，支付土地使用权出让金，并办理登记。从字面看，这与香港土地批租制度中的期满可续，续期只是象征性地缴纳极少一部分费用还有所不同。其后，我国的《物权法》第一百四十九条又有关于“用益物权（他物权）”的明确规定：“传统建设用地的使用权期间届满的，自动续期。”这就回应了社会上许多人对于住房的土地70年使用权到期之后怎么办的疑虑和担心，“自动续期”应明显有别于重签合同与重交出让金，应属于象征性地交纳一份续期手续费换取新的土地使用权证的方式。）

深度阅读：

《中华人民共和国城镇国有土地使用权出让和转让暂行条例》《中华人民共和国物权法》。

香港和国外的房地产税是怎样的？

虽然我国存在房地产税的历史足迹，但是我们讨论的保有环节房地产税作为一种现代税种，的确需要借鉴国外和海外的征收经验。以简明和全面为目标，我们与读者一起了解一下我国香港特别行政区和国外正在运行的保有环节上的房地产税究竟是怎样的。

1. 香港的房地产税和地租是怎样的？

我们国家香港特别行政区征收**物业税**，但只针对该个人是房屋的所有权人即物业的业主进行征收，并且将依据该套物业出租的情况进行征收。香港物业税的征收标准基于物业出租的价值按一定税率征收，且税率在每一纳税年度调整一次，每年的税率都会通过《香港税收法规指南》来发布。具体就物业税而言，2002—2003课税年度的标准税率是15%，2003—2004课税年度是15.5%，由2004—2005至2007—2008课税年度是16%。由于金融危机对香港经济的影响，物业税税率从2008—2009课税年度起下调至15%。2012—2013课税年度，香港物业税的税率是16%。如果物业的业主为法人，那么物业租金会视为公司的营业收入，从而变为缴纳利得税，现行利得税率为17.5%。

香港的物业税有许多类型的税收优惠。首先，如果房屋是全部自住，那么是完全免税的。如果房屋部分自住、部分出租，则自住的部分是免税的，但前提是不能将自住的部分用于经营性使用。如果房屋是空置的，那么业主是可以获得免税的。由此可以看出，香港的物业税实际上主要针对的是租房市场。其次，香港物业税有扣除项目，例如：业主负责支付物业管理费，则不用再缴纳物业税；业主待收取的租金收入无法收取，则不必再缴纳物业税；业主可针对用来支付房屋修理及其他在应缴物业税20%以内申请免税；对于商业物业、有限公司，如来自应课税物业的收入已包括在纳税人所得的利润内评定利得税，或物业由业主自用作业务用途，该物业可申请免税或从利得税中抵消物业税；会社及商会拥有的物业可获减免。

香港物业税具体的计算公式为：

修理保养费＝实际租金收益 ×20%；应纳税额＝（实际租金收益－修理保养费） × 税率。

例如，按照2012—2013年度的税率16%来计算，业主A所要收取的租金收益为5000元，可以享受5000×20%=1000元的修理保养费税收优惠，那么需要缴纳的物业税额为（5000-1000）×16%=640元。

香港物业税的征收是由香港税务局来执行的，物业的租金收益不仅仅是靠个人自行上报，而是由物业估价署来配合确定的。香港物业估价署的统计系统经过多年运转已经非常完善，建立了全香港所有范围内应收租金物业的资料库，非常翔实地记录了每套物业的具体情况（包括：物业的坐标位置、面积大小、启用日期、业主情况、建筑图纸、使用用途及缴纳历史等），并且随着时间的推移对资料库进行不断更新，作为估算租金的基础。2008年1月，香港更是为纳税人推出“税务易”网站，提供一站式的网上税务服务。

香港真正属于住房保有环节征收的房地产税，称作“差饷”。香港的差饷是针对房产物业在保有环节征收的税，由香港差饷物业估价署负责征收和管理（前面提到的物业税属于所得税，由香港税务局负责征收管理）。历史上这个税的由来，据说是政府向所有的住户与业主表示，征收此税种的初衷就是为了向维护治安让大家安居乐业的所有当差警察发饷用的，因而有“差饷”的名称，倒是生动体现了某种“取之于民，用之于民”的关联。香港差饷的法律基础是《差饷条例》。按照相关规定，全港所有房产物业都要进行差饷评估，2014—2015年度的估价单位总数约为311万个。物业的业主和使用人都有责任缴纳差饷，实际情况由双方所订立的租约条款而定，如果租约没有说明由业主缴纳，则须由使用人缴纳。按照法律规定：一般情况下，差饷由使用人缴纳；如果使用人没有缴纳，那么差饷物业估价署可以向产权人追缴；如果产权人已经缴纳差饷，那么产权人也可以按租约条款向使用人追索这笔款项。

香港差饷的税额等于房地产租值乘以差饷税率。物业租值是假设物业在指定的估价依据日期空置出租时，估计可取得的合理年租为基础而计算。估价日期是上一年度的10月1日，也就是说，2014年4月1日生效的应课差饷租值是以2013年10月1日作为估价依据日期的。此外，基于公平分配的考虑，香港差饷物业估价署每年都会更新物业的应课差饷租值，不同类别和位置的物业，租金水平会随着经济、社会和人口转变等因素的影响进行调整。差饷的税率理论上应每年由立法会决定，而在实际经济生活中，香港差饷税率自1999年以来一直维持在5%的水平。

表2-1 香港历年差饷收入及其在财政收入中所占比重

年 度	差饷收入（百万港元）	财政收入（亿港元）	差饷收入占财政收入的比重%
2001—2002	12 727	1 565	8.13
2002—2003	8 923	1 442	6.19

年　度	差饷收入（百万港元）	财政收入（亿港元）	差饷收入占财政收入的比重%
2003—2004	11 167	1 607	6.95
2004—2005	12 640	1 851	6.83
2005—2006	14 146	2 049	6.90
2006—2007	15 467	2 268	6.82
2007—2008	9 495	2 740	3.45
2008—2009	7 175	2 732	2.63
2009—2010	9 957	2 587	3.85
2010—2011	8 956	2 903	3.09
2011—2012	9 722	4 337	2.24
2012—2013	11 204	4 421	2.53

数据来源：差饷数据来自差饷物业估价署年报，香港特别行政区差饷物业估价署官方网站（http://www.rvd.gov.hk/sc/）；财政收入数据来自香港年报，香港政府一站通（http://sp.search.gov.hk/）

资料来源：香港特别行政区政府差饷物业估价署官方网站（http://www.rvd.gov.hk/sc/）和律政司双语法例资料系统（http://translate.legislation.gov.hk/gb/www.legislation.gov.hk/blis/chi/index.html）

除了差饷和物业税以外，香港的物业还要缴纳地租。地租针对三种物业征收的：第一，香港新界及新九龙界限街以北的土地，契约已于 1997 年 6 月 27 日届满，但是根据《中英联合声明》附件三的规定，1997 年 6 月 30 日前届满的不可续期土地契约可以在不补缴地价的情况下自动续期至 2047 年 6 月 30 日，条件是在续期日起缴纳新地租；第二，《中英联合声明》

生效日期（1985年5月27日）后批出的土地契约，也要在1997年7月1日起缴纳新地租；第三，获得1985年5月27日后延期的不可续期契约的物业。香港地租的数额也是基于应课差饷租值，地租则定在物业应课差饷租值的3%这一水平，所以香港地租的金额是随应课差饷租值的变动而调整的。

2. 美国的房地产税是怎样的？

从税收的分布结构来看，美国更加重视对房地产的保有环节征税，而针对流转环节的税收负担比较轻。我国以往则恰恰在房屋的保有环节征税上是空白。

美国是当今世界上最发达的经济体。在美国的税法中明确规定征收财产税，而财产税中最主要的组成部分就是房地产税，这是地方政府收入最具“支柱”特征的来源，普遍直呼其为“Property Tax”即“财产税”。美国的房地产税经历了长期的发展和完善，已趋于相对稳定和成熟，在西方发达国家的房地产税制中具有代表性。美国的房地产税收以“宽税基，少税种”为基本原则。宽税基，是指对除公共、宗教、慈善等机构的不动产实行免征外，其余的不动产所有者或占有者均为纳税对象。少税种，是指美国设置的有关房地产保有环节的税收种类，只有“财产税”这一种。美国财产税是按照房地产等财产的评估价值征收的，税率由州和地方根据预算程序自行规定，所以在各个地方辖区均可以有所不同，一般在1%—3%之间。纽约、芝加哥等人口密集的大城市，财产税的税率相对更高，有些地方的财产税率会考虑到通货膨胀因素而设定税率的调整幅度，一般调整幅度在2%以内。通货膨胀是经济发展过程中存在的一种现象，指的是一般价格水平的上涨，这种价格水平的上涨是由市场中流通的货币数量增多所引起的。通货膨胀有三种类型：低通货膨胀的特点是价格上涨缓慢且可以预测，几乎所有工业发展国家都经历这种温和的通货膨胀；急剧通货膨胀是指价格每年以20%以上甚至达到几倍的规模增长。在这种情况下，货币会出现明显的贬值，此时人们会选择将货币转换为资产，以求得保值；恶性通货膨胀是指各种商品等的价格以每年几十倍、几百倍甚至更高的幅度增长，市场会面临崩溃，整个经济社会面临巨大的损失、付出高昂的代价。在经济发展过程中，温和、低水平的通货膨胀是始终存在的，所以美国针对通货膨胀因素而考虑对税率进行调整是比较科学合理的。

美国对土地和房屋直接征收的房地产税（又称财产税或不动产税），税基是房地产评估值的一定比例（各州规定不一，从20%—100%不等）。各州和地方政府的不动产税率不同（平均1%—3%），通过当地议会审批预算的程序一年一定（有不少地方是根据当年财力安排的要求“倒算”出来的税率）。

除对保有环节的税收外，当然还有针对交易环节的税收。房地产所得税是对取得土地、房屋所有权人课征的税收，一般依照房地产的取得方式而设置税种。房地产所得税是对房地产或土地在经营、交易过程中，就其所得或增值收益课征的税收。美国的房地产交易税税率约为2%，在房地产买卖时缴纳。绝大部分的美国地方政府（即联邦、州之下的“基层”政府，大的比如1000余万人的纽约市，小的比如几千人的自治镇），房地产税收是最重要的主体税收来源，自从殖民统治时期以来就已经具有显著的税制特征。每个州的宪法和法令，为房地产评估和税收征管机构的建立提供法律依据，自开征以来一直是其地方政府财政收入的主要来源。从1975年至今，据统计均占地方税收收入的50%以上（有的地方甚至高达80%左右）。

表2–2　近年美国各州物业税率实例

州	物业税平均税率（%）	州	物业税平均税率（%）
美　国	1.38	密西西比州	1.44
阿拉斯加州	1.80	蒙大拿州	1.65
阿拉巴马州	0.65	北卡罗来纳州	1.10
阿克萨斯州	0.88	北达科他州	1.84
亚利桑那州	1.21	内布拉斯加州	2.15
加利福尼亚州	0.68	新罕布什尔州	2.21
科罗拉多州	1.08	新泽西州	1.78
康涅狄格州	1.72	新墨西哥州	0.72

州	物业税平均税率（%）	州	物业税平均税率（%）
哥伦比亚特区	1.31	内华达州	0.83
特拉华州	0.68	纽约州	1.76
弗罗里达州	1.20	俄亥俄州	1.81
佐治亚州	1.52	俄克拉荷马州	1.03
夏威夷州	0.40	俄勒冈州	1.22
爱荷华州	2.15	宾夕法尼亚州	1.70
爱达荷州	1.42	罗德岛州	1.52
伊利诺斯州	1.79	南卡罗来纳州	1.38
印第安纳州	2.12	南达科他州	1.96
堪萨斯州	2.09	田纳西州	1.07
肯塔基州	0.96	得克萨斯州	2.57
路易斯安那州	1.02	犹他州	1.31
马萨诸塞州	1.07	弗吉尼亚州	1.12
马里兰州	1.06	佛蒙特州	2.06
缅因州	1.75	华盛顿州	1.13
密歇根州	1.91	威斯康辛州	2.09
明尼苏达州	1.27	西弗吉尼亚州	0.95
密苏里州	1.42	怀俄明州	2.18

资料来源：Moody’s Economy.com

3. 英国的房地产税是怎样的？

英国是全球开征房地产相关税种历史最为悠久的国家。

1667年，英国征收炉灶税，每个炉灶的税收为2先令。1691年，英国开征户税和窗税，每户缴纳的税收为2先令，在此基础上按照房屋的窗户数量缴纳窗税。1851年，分别针对住宅用房和营业用房开征的房屋税。

英国的房地产税分为住宅房屋税（市政税）和非住宅房屋税（营业房地产税）。住宅房屋税的征税基础是房屋的评估价值，房屋价值的评估机构则是由税务局授权的。除了房屋的评估价值以外，英国还对房屋的价格等级进行划分，不同级次的房屋所对应的税率也不一样，具体的税率标准由英国各地方政府确定。从总体来看，这种税率属于超额累进税率。非住宅房屋税的征收基础是房屋的年净收益。从数值角度来看，年净收益就是指某一房屋在市场中的年租金减去该房屋的修缮费用。非住宅房屋税的税率是由中央政府确定的，每年4月1日，中央政府都会发布相关信息，税率根据房屋使用的用途不同而不同。

具体看来，英国的住宅房屋税是对居民的住宅，包括楼房、平房、公寓、出租房屋、活动房以及可供居住使用的船只，依据其基本价值征收的地方税种。其纳税人为年满18周岁的住房所有者或承租者。住宅房屋税的计税依据为房地产的评估价值，由英国政府国内税收局所属的房屋估价机构进行估价，除特殊情况外，每5年重估一次。根据价值评估机构的评估，英国政府依据应税住宅价值从低至高将其划分为 A—H 共 8 个价值等级，D 级为基准税级，即其他税级都要以 D 级作为参考标准。各等级住宅的纳税额根据实际情况每年有波动，8 个等级在不同地区的具体纳税数额是不同的(表 1 以英格兰为例)。英国住宅房屋税总额源自地方政府本着“以支定收”的原则，根据其各项收入及支出预算计算出其预算缺口，即为需要征收的住宅房产税的总额，再除以名义 D 级房屋数目，就可以算出一套 D 级房屋的纳税额。而名义 D 级房屋数目是由处于各个等级的房屋的数目乘以其税收乘数再进行加总计算出来的，即纳税额与之等价的 D 级房屋数目。例如：以万套为单位，设英格兰某地 A–H 每个等级的房屋数量依次为：72、63、54、45、36、27、18、9，那么该地区名义 D 级房屋数目应为 36（A 等级)、49（B 等级)、48(C 等级)、45（D 等级)、66（E 等级)、39（F 等级)、30（G 等级)、18（H 等级）之和，即 331（而实际数量为 324)。相应等级的房屋，实际缴纳的税额等于相应等级房屋应当缴纳税额乘以该等级相对应的税收乘数。至于减免措施方面，英国住宅房屋税的减免有详细和严格的规定，只有学生、未成年人、外交人员或残疾人完全免税，空置住房免税 6 个月，对青少年和残疾人居住的房屋，采用降低纳税登记等方法给予税收优惠。

表 2–3　英格兰地区住宅分级和房地产税评估级次

分　级	英格兰房屋价值（英镑）	税收乘数	房屋数量比（%）
A	<40 000	6/9	25
B	40 000–52 000	7/9	20
C	52 000–68 000	8/9	22
D	68 000–88 000	1	15
E	88 000–120 000	11/9	9
F	120 000–160 000	13/9	5
G	160 000–320 000	15/9	4
H	>320 000	2	1

小知识：累进税率和比例税率

比例税率是指在征税过程中，无论纳税主体之间有何不同，都按照同一不变的税率进行征税。

累进税率是指在征税过程中，对纳税主体进行分层，应纳税额越高的纳税主体采用的税率也更高，从而可以以此产生累进的效果，即收入高的人多交税，收入低的人少交税甚至不交税，通过税收调节收入分配的差距。超额累进税率的概念与全额累进税率相对，是指应纳税额中有所扣除（比如：个人所得税）。

例如：个人所得税的免征额如为 3 500 元，且个人所得税采用比例税率 5%，那么月薪为 5 000 元的

A需要缴纳税收1 500×5% =75（元），月薪为10 000元的B需要缴纳税收6 500×5% =325（元），缴纳的税总额虽然不同，但是比例相同。如果免征额仍为3 500元，个人所得税采用累进税率，应缴税额在1 500元及以下的采用税率3%，1 500元及以上的采用税率10%，那么月薪为5 000元的A需要缴纳税收1 500×3% =45（元），月薪为10 000元的B需要缴纳税收6 500×10% =650（元）。由此可见，在累进税率下，月薪高的B相对于月薪低的A承担了更多的税负，所以累进税率更加有利于促进收入分配公平。

4. 日本的房地产税是怎样的？

日本是世界上典型的经历过房地产泡沫危机的国家，日本的房地产价格自1985年迅速上涨，到1989年达到最高峰。进入20世纪90年代后，日本房地产价格又经历了迅速下跌，泡沫破灭，对日本经济造成了近乎灾难性的影响。房地产泡沫破灭后，日本经济停滞了约20年。回顾一下日本战后的经济，不难发现，日本的财税改革其实都源自1949年开启的“夏普劝告”。为什么叫做“夏普劝告”呢？是因为美军占领日本时，美国专家团内有一位叫“夏普”的人，在日本搞了经济体制革新，建立了不少具体的财税制度。其中日本保有环节的房地产税就可以追溯到“夏普劝告”时期，主要是指当时建立的针对土地和房屋征收的固定资产税、城市规划税和特殊土地持有税。

日本的房地产税由属基层政府的市町村征收、管理和使用。日本共有三级行政体制（第一级是中央政府，第二级是都、道、府、县，第三级是市、町、村）。市町村是最基层，也就说房地产税是基层政府财政收入的重要来源。日本在房屋的保有环节征收固定资产税，每一个周期都要对固定资产进行一次价格评估。一个周期的时间通常是 3 年。在此评估价值的基础上，按照日本地方税法的相关规定，地方政府可以设定标准税率为 1.4%，最高税率可设定为 2.1%。日本城市规划税的税收标准与固定资产税相同，但是税率的高低不是由地方税法来规定，而是由各市町村政府自行确定，但最高税率不得超过 0.3%。可以看到，日本的房地产税税率还是比较低的。当然，除了保有环节，日本在房地产的交易环节也要征税，主要包括资本利得税、营业税、注册税和印花税。此外，还有继承税和赠与税。1991 年，日本也曾针对土地持有环节开征土地价值税，以此来减少土地的囤积和炒作。这个税种在 1998 年亚洲金融危机时，为了刺激宏观经济而暂停征收。

5. 韩国的房地产税是怎样的?

新千年以来，韩国的房地产价格增长速度非常快，甚至超过了年度10%，所以韩国政府于2005年推出了综合房地产税。韩国针对房地产征收的税种之所以叫做“综合”，主要原因是它不仅仅包括在保有环节对居住性房屋征收的房地产税，而且包括在保有环节对经营性房屋征收的房地产税。韩国综合房地产税征收是为了调节高端，所以征收的标准是以房产价值来衡量的，并以家庭为征收单位，家庭的所有房产加起来总价值如果超过6亿韩元（约合人民币362万元），那么就要缴纳综合房地产税。

韩国房产价值评估时采用的评估方法是重置成本法评估。重置成本是指当时取得同一资产或其等价物需要的交换价格。例如：2010年，建成资产A的价格为10万元。我们就说资产A的原始成本为10万元。而到2014年，随着通货膨胀、供求关系导致的资产价格上浮等因素，再建一个资产A的价格升值为13万元，我们就说资产A在2014年的重置成本为13万元。重置成本法是国际上公认的资产评估三大基本方法之一，基于重置成本和资产实体损耗的贬值（以及功能性和经济性等其他因素导致的资产贬值），而最终得到资产当年评估价值（资产评估价值=重置成本-实体损耗贬值-功能性贬值-经济性贬值）。

由于共有两个部分组成，所以韩国的综合房地产税既有比例税率又有累进税率。综合房地产税中，针对住宅的部分，采用的是按照住宅价值的高低实行累进税率。韩国将住宅分为6个级次，最低税率为0.3%，最高税率则达7.0%。针对于工厂建筑物、高尔夫球场用房、别墅、高级娱乐场所以及其他类似性质的房屋，则采用三档比例税率，分别为0.3%、0.6%、5%。

除了综合房地产税以外，韩国还征收财产税。财产税在韩国的历史比房地产税要早得多，自1961年起就已经开始征收。土地、房产、船舶等财产都要缴纳财产税，并且按照财产价值的不同而采用累进税率。可想而知，在财产税的基础上再叠加上综合房地产税，再加上双重的累进税率，韩国特别富裕的阶层承受的税负水平是相当高的。由此也可以了解到，韩国开征房地产税最核心的目的是为了调节房价、缩小收入分配差距。韩国综合房地产税推出后，在实际经济运行中虽然有对冲房价上涨的作用，但还并没有对房价产生足够的逼稳效果，所以韩国政府又在流转环节出台了房地产转让所得税。新税种规定拥有2套住宅的家庭所购买的房产若在2年之内出售，要缴纳50%的房产转让所得税，2年以后出售，要缴纳6%—35%不等的房产转让所得税，而拥有3套及以上住宅的家庭所购买的房产若在2年之内出售，则更是要缴纳60%的房产转让所得税。在保有环节的综合房地产税、财产税和流转环节房产转让所得税等重重税收之下，韩国房地产市场投机现象才得以遏制，房价趋于平稳。

6. 中国台湾及其他国家的房地产税是怎样的?

中国台湾。中国台湾征收房屋税，税收的标准基于房屋的现值。台湾的房屋税更重视的是房屋的用途。对于居住用房屋，如果属于自住型，规定税率不得超过 1.38%，如果不是自住，则税率最低不得低于 1.38%，最高不得超过 2%。对于非居住用房屋，如果用于本人或者他人营业，则最低税率不低于 3%，最高不超过 5%。而如果用于私人医院、诊所、自由职业事务所及人民团体等非营业项目，则最低不低于 1.5%，最高不超过 2.5%。房屋如果用于出租，那么根据实际使用的面积，按照不同的税率缴纳房屋税。如果没有用于出租，那么缴纳房屋税的面积最小不得小于房屋全部面积的六分之一。

新加坡。新加坡国土面积仅为 716.1 平方公里，是一个土地资源非常稀缺的国度，所以新加坡的房地产税主要的调节方向就是土地集约。在新加坡，对于超过 100 平米的“富人住房”，政府要收取高额的土地出让金和物业费。新加坡的房产税是基于住房的年产值来征收的，所谓“住房的年产值”，实际上就是住房按照当年市价进行出租所能够获得的一整年的租金额。新加坡鼓励购买房产的人自住，对于购买自住房的人实行税收优惠，税率仅为4%，并且为了达到小户型和低房价的目的，如果这套自住房的面积属于小户型，在4%的税率基础上还可以享受折扣。如果不是自住房，房产税的税率则为10%。自2011年开始，新加坡对房产税进行了改革，规定实行累进税率。房屋当年产值低于6 000新加坡元（约合人民币3万元），免征房地产税；房屋当年产值在6 000—24 000新加坡元（约合人民币3万—12万元），征收4%的房地产税；而对当年产值在24 000新加坡元（约合人民币12万元）及以上的房屋采用超出部分按照6%征收房地产税的标准。新加坡除以房地产税来调节居住面积和抑制投机以外，还非常注重照顾困难群体和弱势群体。针对属于社会收入最下层的10%的困难群体，新加坡政府提供补贴或直接提供廉租房。总结来看，新加坡政府的做法一方面利用房地产税、土地出让金和物业费等相关税费调节市场中的高端；另一方面对低端进行税收优惠、减免和提供保障性住房，从而很好地解决了本国的住房问题，成为世界上公认的良好解决住房问题的国家之一。

法国。法国的房屋税（地方建筑税）的征收标准是基于房屋的价值。这一价值既包括建筑物的价值，也包括建筑物占用范围内土地的价值，这两部分价值高低参照法国国家颁布的建筑物价格。法国的房屋税在一般情况下，税率范围是1%—3%，但规定在特殊情况下，房屋税的税率最高可达到5%。

巴西。巴西征收城市不动产税。具体分为两个主要部分：一是城市土地税；二是城市房地产税。城市土地税针对城市无建筑土地的所有者而征收；城市房地产税针对城市房地产所有者征收。巴西的城市不动产税的征收标准是基于房地产的评估值。

澳大利亚。澳大利亚征收地方财产税。地方财产税由各州自行确定征税的标准和基础，每个州都根据各自预算程序制订税率，所以澳大利亚的地方财产税的具体税率在各个州都不相同。

加拿大。加拿大与美国相似，都是征收财产税。财产税征收的标准基于财产的价值，税率则根据预算程序制订。

意大利。意大利规定房地产税税率为0.4%—0.7%，在这一幅度内，税率由各地自行选择。首都罗马市规定，拥有两套及以上住房者，自住房税率为0.49%，出租房税率为0.55%，闲置住房税率为0.7%。对自住房除了适用较低税率外，还可以享受20万里拉的减免。开发商竣工而未售出的房子也要征税。在三年内可以按最低税率0.4%征收。意大利的房地产税实行差别税率。主要目的是调节住房所有者的收入分配，提高住房使用效率，抑制空闲住房。

导读链接：详解美国房地产税

美国宪法在房产条款（正文IV，第3部分，第2条）中描述了联邦政府与土地的关系："国会有权处理美国的领土及其附属物，及针对其制定必要规则和条款；宪法规定，不得妨害美国联邦或任何特定州的索偿。”最高法院规定，国会具有权威和权力来“无限制”地管理由联邦政府收购的土地：“尽管在各州同意出让或放弃管辖权时，国会对各州的土地有绝对管辖权或部分管辖权，但是这种管辖权的存在与否与法规中房产条款下国会的权力无关。没有同意出让或放弃管辖区的州对其领土范围内隶属于联邦的土地也具有管辖权，但是按照法律中财产条款的规定，国会同样对这部分土地具有相关权力……且如果国会真的这样做了，那么联邦法律必须在最高条款下凌驾于与各州法律的冲突之上。”

基于宪法赋予的这些权利，联邦政府可以通过国会直接拥有或持有房产，这是一个普遍的规则。国会通过政策来监督土地的保留、投资、处理和获得。按照房产条款的规定，只有国会有这项权利，且相关法律将凌驾于与各州法律的冲突之上。然而，在某些情况下，如果国会在这些土地上的管辖权有所缺失，那么各州对联邦土地也可拥有部分管辖权。

美国房地产税典型地受到地方政府的影响。在许多州，一些地方政府（税务机构），例如：县、市和学区都能够对一些房产收税。在一些州，州政府已经有意向或开始征收房地产税。其中，许多县、市、学区都将房地产税作为收入的主要来源。美国宪法对联邦直接税作出了限制。从价征收（按照价格征收）的房地产税并没有成为联邦层面税收的一项。尽管不同的州和地方层级存在诸多不同，但是房地产税的一些方面具有共性。

在许多州，房产在其价值评估基础上进行征税。通常，每个州的县每年都会通知业主房地产税收价值，或称为评估价值（由一个综合税率决定，或称评估利率和评估水平，由房产的市场价值决定），由地方办公室（税收评估师）完成。评估利率通常受到州法律的限制，但是由地方税收机构实施。大多数州税收基于在特定日期下公平的房产市场价值，并且这一价值会进行周期性更新（通常是3—4年）。在大多数情况下，如果业主不同意评估价值，他/她应当准备材料或者申请进行正式的听证会。业主也可以自己提交他们评估的房产价值，并在晚些时间得到评估师的认可。在许多州，特定房产可以得到税收豁免。这些包括低价值房产的税收豁免、教堂豁免、福利豁免、退伍军人豁免以及州法律规定的许多其他豁免。因此，实际税收收入应当是评估的收入减去所有的税收豁免。

各州也可以对地方政府怎样对房产征税进行限制。尽管房地产税率在不同的州和不同的县略有不同，但是各州都会对公平和规范有所规定，因为美国宪法对此有保持公平的规定。

爱荷华州的房地产税

房地产税率并不是简单地由某评估师针对纳税主体名下房产进行评估而后邮寄税单的方式来决定的。该税种的最终税率主要取决于爱荷华州税务局依据提供相关服务、资产评估师评估、县域审计人员审计以及法律相关规定。因为房产评估包括一系列程序，这些程序从开始到结束需要经历 18 个月，所以本介绍可能并不能够解决所有相关疑问，但却给出了计算房地产税率的基本原理。

爱荷华州房地产税实质上是一种对不动产征收的税种，不动产指土地、建筑物、构筑物以及土地上或与土地相联或附着在抵免建筑物基础上的其他附属物。典型的附属物包括大楼、房屋或者移动房屋、围墙和路面。不动产评估时的五大种类如下：住宅用不动产（residential），农业用不动产（agricultural），商业用不动产（commercial），工业用不动产（industrial），公用设施/交通设施（utilities/railroad）（这一类别由州政府来评估）。

在按照年度算的房地产税规模下，业主以最大的纳税份额成为纳税主体的代表。商业用不动产、工业用不动产、公用设施以及农业用不动产也要缴纳房地产税。房地产税的一般用途如下：从幼儿园到 12 岁教育的学校，城市和县医院，合并后的地区学校、评估师办公室、镇和农业技术推广区。房地产税征收和使用的细节可到爱荷华州管理部（Department of Management）查询。

所有不动产都是每两年被评估一次，在奇数年份进行评估。交通设施和公用设施由爱荷华州税务局每年评估一次。

房地产税是多级税务机关的税基。一般包括市级、县级、社区或镇。税务当局管辖范围内还包括社区大学地域、农业抵免地域、评估师办公室、医院地域以及环卫地域。除此之外，还有消防、给排水等与公共需求相关的地域需要征税。爱荷华州有2000多个税务机关。大多数不动产都至少由一家税务机关征收房地产税。

房地产税率的决定主要有六个步骤。第一步，评估房产的价值。评估师（或爱荷华州税务局）负责房产评估。这个环节被称为“价值评估”。第二步，将所有需纳税不动产的评估价值进行加总。评估师将房产的价值按照不同级别进行加总，并将最终结果报送给县审计师。第三步，有关部门分析总价值并进行均衡。评估师将提交“摘要（abstracts）”给爱荷华州税务局。摘要报告提供的是在该区域内所有房产按照不同等级计算出的可供征税的总价值，而不是每一套房产的单独价值。“均衡（equalization）”程序每两年进行一次，用来确保房产在该区域内的价值合理合法。

除此之外，“评估限制（assessment limitation）”每年都会进行。这一程序通常被叫做“回调（rollback）”，用来应对通货膨胀。第四步，制定预算。每一个税收当局都可以自行决定预算。预算包括提供服务的成本、联邦政府和州政府提供的财政补助、以往财政年度积累的财政盈余以及从其他服务中获得的收入。每一项预算都将提交县审计师进行审计。第五步，制定税率。县审计师将预算进行分解，计算出在该税收区域内没有其他资金来源而仅依靠房地产税收入支撑的支出预算。结果一般以“美元/千”为单位。例如，如果是10美元/千，那么对于一套价值50,000美元的房产而言，其房地产税应当按照$10×50来征收。该房产在该税务当局的管理下应缴纳的房地产税为500美元。由于不止一家税务局进行房地产税率测算，因此所有的税率加总计算后得到的单一税率被称为固定征收。固定征收通常是不同政府测算的两种及以上税率的均衡结果。第六步，减去税收抵免。税收抵免（如：宅基地抵免）会在最终税单寄送之前被减去。

以一年为期，爱荷华州的房地产税评估周期是：1月1日，评估日。4月15日，评估师完成评估并通知纳税人。4月16日—5月5日，纳税人可就物业评估向地方课税证价审查委员会（board of review）提出申诉。5月1—31日，地方课税证价审查委员会处理申诉。这一过程如果经过爱荷华州税务局长的审批，其时间可以延长至7月15日。6月15日，地方课税证价审查委员会向税务局长提交结果报告。7月1日，评估师向税务局长提交评估摘要报告。8月15日，税务局长向县审计师发出均衡物业价值评估的通知。9月，税务局长举办均衡物业价值评估的听证会，原因是这与公共投入有关。10月1日，税务局长向县审计师发出均衡物业价值评估的命令。10月2—12日，评估辖区可以申请采用其他方式落实均衡的命令。10月2—15日，县审计师最终均衡命令的通知。10月15日—11月15日，地方课税证价审查委员会可举办会议聆听有关均衡的抗议。10月16—25日，纳税人可就均衡的最终决定向地方课税证价审查委员会提出抗议。11月1日，税务局长确定评估限制的比率并提交县审计员审计。11月15日，地方课税证价审查委员会向税务局长提交均衡抗议的报告。12月1日—2月28日，税收当局在评估的基础上制定预算。3月1日，县议会监管部门进行物业税征收。7月1日，县财政收到强制征税的权力。9月30日，完成一半税收征收任务。3月31日，完成另一半税收征收任务。

路易斯安那州的房地产税

在路易斯安那州，房地产税是一个典型的从价征收的税种。房地产税的评估总体上是取公平的房产市场价值的比例。按照路易斯安那州的房地产税法律，所有房产——土地、为了居住目的而进行的改造、电力联合管理房产、净土地、公共服务房产以及其他房产，通常都是基于每年1月份的情况进行评估（除 Orleans Parish 是把评估定在8月1日），来决定来年的房地产税率。不动产至少每4年重新评估一次。议会必须赞同并且修订地方评估。业主可以向地方议会提出申诉，如果纳税人确定评估价值评估不正确。

特定房产，包括非盈利性企业 / 组织所拥有的房产和 burial plots 都是免税的。

纽约市的房地产税

纽约市有四种典型的房产（详见表格）且每一种房产都有相应的房地产税（详见表格）。

纽约市房地产税一览表

年　份	等级 1（%）	等级 2（%）	等级 3（%）	等级 4（%）
2012—2013	18.569	13.181	12.477	10.288
2011—2012	18.205	13.433	12.473	10.152
2010—2011	17.364	13.353	12.631	10.312
2009—2010	17.088	13.241	12.743	10.426
2008—2009 年平均税率	16.196	12.596	12.137	10.241

年　份	等级 1（%）	等级 2（%）	等级 3（%）	等级 4（%）
2009—2009 第 3、4 季度	16.787	13.053	12.577	10.612
2008—2009 第 1、2 季度	15.605	12.139	11.698	9.870
2007—2008	15.434	11.928	11.577	10.059
2006—2007	16.118	12.737	12.007	10.977
2005—2006	15.746	12.396	12.309	11.306
2004—2005	15.094	12.216	12.553	11.558
2003—2004	14.550	12.620	12.418	11.431
2002—2003 第 3、4 季度	14.160	12.517	12.565	11.580
2002—2003 第 1、2 季度	11.936	10.564	10.607	9.776
2001—2002	11.609	10.792	10.541	9.712
2000—2001	11.255	10.847	10.540	9.768

其他州的房地产税

在一些州，当房产从一个所有者向另一个所有者之间流转时，必须按照联邦一级标准利率每年支付国有资本收益税。这一税种是针对资产的原始购买和最终出售之间价格的差异征收的。在某些州，如俄勒冈州，如果增值额没有超过一栋住宅房产的某一项特定标准，那么就不必缴纳国有资本收益税。所有其他州包括阿拉斯加州、弗罗里达州、内华达州、新罕布什尔州、南达科他州、得克萨斯州、田纳西州、华盛顿州以及怀俄明州，都征收国有资本收益税。

在一些州，如密歇根州，州内的不动产流转税覆盖所有不动产，由出售者或者授权人为出售或交易的不动产支付税收。例如，在密歇根州立法律下，所有人口不少于两百万的县都要为每5万交易至少需要支付55美分，或者支付总交易价值的某个百分比，并且对于人口高于两百万的县，这一比例要提高到每5万交易至少需要支付75美分，或者支付总交易价值的某个百分比。

在一些州，还要征收继承税或遗产税。

（资料来源：爱荷华州税务局：《爱荷华州（艾奥瓦州）物业税介绍》，苏京春译，财政部财政科学研究所《科研内报》第13期，2013年9月16日；申斯通·黄（Shenstone Huang）：《美国的物业权、联邦收购物业以及物业税：基于宪法、历史和法律的视角》，苏京春译，财政部财政科学研究所《研究报告》第172期，2013年10月14日。）

中国的房地产税之路走过了哪些阶段？

1. 中国历史上的房地产税是怎样的？

站在中国全面改革的时点上，我们能够看到全球许多国家都在征收房地产税，而我国自新中国成立以来却一直没有在保有环节对房地产征税。那么，我们现在积极准备开始征收的保有环节房地产税是不是在没有任何本国征收历史的前提下，简单、全盘地从外国照样搬来的呢？其实并非如此。

对历史进行回顾便知，房地产税在我国最早可以追溯到周朝时期。《礼记·王制》中有记载："廛（chán），市物邸舍，税其舍而不税物。"《周礼·地官·司徒》中也有："掌敛廛布而于泉府"的记载。"廛"在古代指的是一户人家所居住的房屋，"布"是古代的一种钱币，这便是我国房地产税的最初形态了。

后来发展至西汉时期，房地产税虽然不作为一个独立税种，但房屋被视为一种财产，与家庭其他财产一起合并，作为当时财产税的计税对象，这与现代的广义财产税有异曲同工的特征。

唐代德宗建中四年（公元 783 年），朝廷开始对长安城内的居民住房开征“间架税”，这可以认为是我国房地产税在经济社会昌盛时期作为独立税种出现的一个标志。“间架税”规定：房屋每两架为一间，房屋分三等征税。上等每间收税 2 000 文，中等每间收税 1 000 文，下等每间收税 500 文。每隐瞒一间杖打六十。由于分层粗率、税负很重、没有抵免等原因，这个税种遭到长安居民的强烈反对，执行不到一年便被迫取消。

五代十国的后晋、后周都征收过房地产税，名称为屋税。

赵匡胤建立宋朝之后，继续征收屋税，并且对典卖的田地和房舍开征契税。

元代的房地产税称为“产钱”，按房产地基面积计征收粮食，或折钱缴纳，并且仍然继续沿袭宋朝开征的契税。

明朝仍然继续征收契税。有记载的是明朝万历年间的契税税率，统一按照 3%来征收。

清朝初期，房地产税纷繁复杂且名称多变，有“铺面行税”、“市廛输钞”等，江南地区叫“廊钞”、“棚租”，北京叫“檀输税”。顺治年间，在《赋役全书》相关规定下，将土地分为上、中、下三等来征税，对土地和房屋继续征收契税。清朝末期，国家政局动荡、内忧外患，财政非常困难，光绪二十四年开始征收“房捐”。据《清文献通考》中记载，凡是租赁的房屋都要为每月的租金缴纳10%的税，税收由房东和房客各承担50%，如果房屋是自住，也要参照周围房屋出租的价格来缴纳10%的税。

太平天国最终定都南京，之后就开始征税，最主要的税种之一就是“房捐”。房捐按天数和间数缴纳，每一天每一间房屋都至少要缴纳3文钱，高者每一间房屋每天缴纳7文钱，一年365天算下来，缴纳的税收何止千文，税收负担非常重。

鸦片战争以后，我国进入动荡的历史时期，清政府、太平天国和外国列强都开征“房捐”等房地产税，其主要目的都是聚敛收入，与我们现代所说的房地产税还是有所区别的。

1912年民国建立，当时的北洋政府沿袭战争时期的房地产税体系，征收“市政总捐”、“特捐”、“警捐”、“店铺捐”等。直至1915年10月国民政府制定《宅地税征收条例》，房地产税才正式以各省自行制定细则的方式趋于相对规范化。民国时期的房地产税征收分为省会、商埠、县镇3等，每等税率分为5级，分级标准以房屋所处地段是否繁华以及房屋的价值高低综合决定。

2. 新中国成立后至1986年之前是什么情况？

新中国成立之初的1951年8月8日，我国颁布了《中华人民共和国城市房地产税暂行条例》（以下简称《城市房地产税暂行条例》）。条例规定，在城市中，对房屋合并征收房地产税和地产税，统称为房地产税。在1973年的工商税制改革中，国家把针对企业所征收的房地产税并入了工商税。

按照1951年《城市房地产税暂行条例》的规定，我国的城市是否能够开征房地产税，并不能由地方政府自行决定，而是由中央政府核定、批准后才可开征。那时房地产税的征收对象是房屋的产权所有人。如果产权出典，那么由承典人缴纳；如果产权存在纠纷，则由代管人或使用人缴纳。房地产税的征收标准建立在房价的基础上，按照房价的1%和地价的1.5%来征收。如果房价和地价不容易进行划分，那么也可以按照房地价合并的价格征收，税率为1.5%。如果房地价也不容易得到，那么就按照房地租价来征收，税率为15%。标准的房价参照当地一般的买卖价格，并且按照房屋的建筑价格进行分类和分级。标准的地价则需要参照土地的位置和繁荣程度、交通条件和一般的买卖价格来分级评定；标准的房地价是按照坐落地区、建筑情况和一般房地混买卖的价格进行分类分级评定；标准房地租价则按照当地一般的租赁价格进行分类分级评定。房价、地价和房地价都要由当地的房地产评价委员会来实施评价。房地产评价委员会的成员来自当地的人民代表会议、财政、税务、工商和公安等部门。按照规定房地产评价委员每年对房价、地价和房地价进行一次评价。房地产税可以按季度分期缴纳，也可以按半年分期来缴纳，具体的缴纳时间由当地税务机关决定。

1951 年房地产税在一定范围内给出了税收优惠。免税的范围是：第一，军政机关和人民团体自己拥有且自己使用的房地产；第二，公立和私立学校自己拥有且自己使用的房地产；第三，公园、名胜、古迹和公共使用的房地产；第四，清真寺、喇嘛庙本身使用的房地产；第五，省（市）级以上政府批准的其他免税房地产。具体的税收优惠规定有：第一，新建房屋免缴三年房地产税，具体时间从房屋落成的月份开始算起；第二，翻修房屋的费用如果超过新建房屋费用的 1/2，则免缴两年房地产税，具体时间从房屋修葺竣工之日算起；第三，省（市）级以上政府批准的其他减免税房地产。

在了解 1951 年房地产税的基础上，我们可以对它进行一下简要的思考。我们在本书“什么是房地产税”部分之中了解到，“房地产税”首先建立在“房地产”基础上，那么 1951 年城市房地产税实施后，我们国家的住房制度是怎样的呢？这值得特别回顾一下。实际上，我国传统住房制度是在计划经济体制下，于 20 世纪 50 年代末建立起来的福利分房制度。由于一直由国家和企事业单位统包并且房屋租金非常低，在很大程度上具有福利性质，所以叫做福利分房制度。福利分房的建房资金来自国家财政和企业的福利基金，房屋建成后也不会将投入的资金收回，是一种纯粹的福利支出。住房的分配是无偿的福利分配，按照职工的工龄、厂龄、家庭人口等条件进行排序。这些条件既不属于经济性因素，也与职工的劳动贡献大小无关。没有商品房，没有市场经济体制，而是在计划经济体制下以福利分房形成主要的居住用房，实际上大多数都属于1951年房地产税法的免税的范围，税收在严格的计划经济体制下，也就无法发挥调节经济的作用。

3.1986年《房地产税暂行条例》做了哪些主要规定？

1986年9月15日，国家正式颁布《中华人民共和国房地产税暂行条例》（简称《房地产税暂行条例》），在全国范围内全面征收房地产税，但是对涉及外资的企业（中外合资经营企业、中外合作经营企业、外商独资经营企业）的自有房产，仍然按照1951年颁发的《城市房地产税暂行条例》来进行征收。

1986年房地产税的征收范围是城市、县城、建制镇和工矿区。征收对象是以房屋形态表现的财产，由房屋产权所有人缴纳。产权属于全民所有的，由经营管理的单位缴纳；产权不明晰或有纠纷的，由房产代管人或使用人缴纳。房地产税征收的标准基于三种数值。一是房产原来的价值一次性扣除10%至30%后的量值；二是税务机关的估值；三是房屋的租金收入。房地产税的税率一律采用比例税率。采用第一种和第二种数值基础的，税率为1.2%；采用第三种数值基础的，税率为12%。

1986年房地产税规定了减免税项目。一是国家机关、人民团体和军队自用的房产；二是由国家财政部门拨付事业经费的单位自用房产；三是宗教寺庙、公园和名胜古迹自用房产；四是个人所有的非营业用房产；五是经财政部批准免税的其他房产。1986年房地产税的税收减免与1951年城市房地产税很类似。

从1986年出台的《房地产税暂行条例》规定来看，我们可以总结出以下几个与老百姓生活息息相关的特点。第一，"个人所有的非营业用房产"是不必缴纳房地产税的。换言之，无论拥有几套房，也无论拥有的房产是否奢华、平米数多大、单价多高，只要没有用于营业，都不属于1986年房地产税的缴纳范围。第二，1986年房地产税虽然对房屋租金收入的税收缴纳作了明确规定，但从实际生活来看，这部分征收普遍没有得到落实，在许多地方可以说是空文一条。因此，在1986年出台的房地产税规定下，我国现存的房屋绝大多数实际上并不在征收范围之内。

另外值得注意的是，尽管在1986年房地产税出台的时候，对有外资性质企业（中外合资经营企业、中外合作经营企业和外商独资经营企业）的自由房产规定仍然按照1951年颁发的《城市房地产税暂行条例》进行征收，但在2008年12月31日，我国第546号国务院令签署后，已经宣布1951年8月8日由原政务院公布的《城市房地产税暂行条例》自2009年1月1日起废止。这意味着外商投资企业、外国企业和组织以及外籍个人，自2009年1月1日起也同样依照《房地产税暂行条例》缴纳房地产税，我国自此建立了内外统一的房地产税体系。

与认识1951年城市房地产税相似，我们也在了解1986年房地产税的基础上，对它进行一些简要的思考。20世纪80年代初，我国开始进行住房制度改革。1980年6月，国家提出《全国基本建设工作会议汇报提纲》，正式施行住宅商品化。1982年，国家开始在郑州、常州、四平和沙市推出住房补贴出售试点，也就是所谓的“三三制”，政府、单位、个人各负担房价的三分之一。1986年2月，国家成立“住房制度改革领导小组”，针对低租金制度开展了提租补贴的改革。1988年，国家召开“第一次全国住房制度改革工作会议”并印发《关于在全国城镇分期分批推行住房制度改革的实施方案》。1991年，国家印发《关于继续积极稳妥地进行城镇住房制度改革的通知》，要求新房新制度。同时下发《关于全面进行城镇住房制度改革的意见》，要求在1992—1993年全面实施住房制度改革。1992年5月，《上海市住房制度改革实施方案》正式实施，在上海开始推行提租发补贴、配房买债券、买房给优惠、建立房委会，并借鉴新加坡经验实行公积金制度，被称为“上海效应”。1994年7月，国家印发《关于深化城镇住房制度改革的决定》，将国家和单位统包的住房投资体制变为由国家、单位、个人三者合理负担的体制，将单位管理住房的体制变为社会化体制，将住房实物分配变为货币工资分配，针对中低档收入家庭建立经济适用房供应体系，针对高收入家庭建立商品房供应体系，并建立住房公积金制度和住房信贷体系。1998年7月，国家发布《关于进一步深化城镇住房制度改革、加快住房建设的通知》，停止了住房实物分配。由此可见，以1986年房地产税与1951年城市房地产税的出台背景相比，实际生活已经发生了翻天覆地的变化，住房制度随着计划经济向社会主义市场经济的转变而走向市场化。而随着我国住房制度的不断改革，我国房地产税制的改革又越来越凸显出滞后的特征。

4. 1988年《城镇土地使用税》做了哪些主要规定？

为了更好地弄明白本书中所说的“房地产税”，除了了解1986年前后我们国家的房地产税发展历程以外，还需要了解另外一个税种，这就是“城镇土地使用税”。

我国于1988年9月27日通过，并于1988年11月1日起开征的城镇土地使用税，目的是为了促进城镇土地的合理使用、调节土地级差收入、提高土地的使用效益和加强土地管理。国有企业、集体企业、私营企业、股份制企业、外商投资企业、外国企业以及其他企业和事业单位、社会团体、国家机关、军队以及其他单位以及个体工商户等，都在1988年城镇土地使用税的纳税人范围之内。1988年城镇土地使用税的征收标准基于纳税人实际占用的土地面积。每平方米土地每一年的税额是固定的：大城市1.5元至30元，中等城市1.2元至24元，小城市0.9元至18元，县城、建制镇、工矿区0.6元至12元。但是各个省（市）可以根据自身市政建设状况和经济繁荣程度确定税额。经济落后地区土地使用税最低不能低于最低标准的30%，经济发达地区也可以适度提高税额，在报批后即可生效。

土地使用税有减免范围。具体包括：第一，国家机关、人民团体和军队自用的土地；第二，由国家财政部门拨付事业经费的单位自用的土地；第三，宗教寺庙、公园、名胜古迹自用的土地；第四，市政街道、广场、绿化地带等公共用地；第五，直接用于农、林、牧、渔业的生产用地；第六，经批准开山填海整治的土地和改造的废弃土地，从使用的月份起免缴土地使用税5年至10年；第七，由财政部另行规定免税的能源、交通、水利设施用地和其他用地。对于新征收的耕地，可以在满1年的时候再开始缴纳。若新征收的不是耕地则第二个月就要开始缴纳土地使用税了。

5. 如何在1951年城市房地产税、1986年房地产税和1988年城镇土地使用税基础上认识房地产税？

我们现在已经比较系统地了解到自1949年新中国成立以来，我国陆续开征的1951年城市房地产税、1986年房地产税和1988年城镇土地使用税。特别值得注意的是，1951年城市房地产税已经于2009年1月1日起废止，这就意味着现在与我们相关的税种还有1986年房地产税和1988年城镇土地使用税。

就保有环节而言，我们已经了解到，1986年房地产税实际上就是在保有环节开征的税种，但是它最大的问题是在免税的范围，集体或个人一切用于居住使用的住房都是免税的，所以它并不能够用来调节住房市场、调控房价和调节收入分配。这一点可以认为是自1986年以来，我国经济体制转轨不断演进而必然产生的一个结果，我们必须认识到这一方面的不足。进入21世纪，我国的城镇房价也经历了10余年的高速增长，市场中存在泡沫，随炒房投机活动和社会公众持房状况的悬殊，社会成员的收入差距也不断拉大，仅仅在住房流转环节征税是远远不够的。因为从趋势上看，房价反正是要上涨的，拿在手里又没有税负成本，可以不着急卖掉，留着等待升值，炒房行为、空置处理都变得没有忌惮。房地产泡沫在不断被吹大。所以，我国迫切需要和发达国家一样，建立能够在房地产保有环节进行调节的税种。除此之外，还应当认识到，除了市场经济中的商品房以外，我国还特别需要保障性住房来给低收入阶层和“收入夹心层”托底，使他们“住有所居”，而保障性住房建设是需要花钱的。钱从何而来呢？房地产税也是一个重要途径。保有环节的房地产税可以用来调节高端，将“高端”住好房，大房、有多套房的人通过税收形式把钱缴入国家金库，再用这部分收入补贴至保障性住房建设，通过这个通道而把实惠输送到“低端”，这样就可以确确实实地减少一些贫富差距了。

有人会说，1988 年的城镇土地使用税已经对土地进行征税了，保有环节的房地产税还要再缴纳一次税收，那不是重复征收了吗？就是因为有这样的问题存在，所以我们现在所说的保有环节的房地产税，所指的应是一个单一税种，它不是和城镇土地使用税并列存在的，而是在未来将城镇土地使用税一并整合纳入具体税制设计统一考虑的。从形式上更加直接地说，在未来，一旦开征保有环节的房地产税，那么城镇土地使用税很可能会被废止、取消，不应形成不合理的重复征收。

6. 上海、重庆试点的房产税改革改的是什么？

1978 年，我国的改革开放进入新阶段，住房制度也随之发生一系列变化。20 世纪 50 年代一直施行的福利分房制度逐步得以调整，减少，最后废止。并从 1992 年起，建立社会主义市场经济体制，全面开放，深化改革，从而推动着整个经济高速增长。各类资产，特别是不动产价格逐步上涨。1998 年，我国停止了住房实物分配，住房市场也和发达市场经济国家一样开始以商品房为主导。改革开放 30 多年这段重要时期，正是我国经济高速发展的时期，房屋与住宅作为一项重要的资产，在城镇升值尤其迅速，形成了持有者的“财富升值效应”，给一些投资者、包括炒房投机者带来高额收益，也严重拉大了社会上的贫富差距。不夸张地说，20 世纪 90 年代如果哪位仁兄能够有投资远见，在大中城市多囤几套房屋，那么新千年之后，随着房屋价格的上涨，完全可以靠房屋的升值轻松进入数百万级，甚至数千万级富翁的行列，一下子就会拉开与周围人的收入水平距离。除此之外，随着以商品房为主导的时代到来，我国的房地产开发非常火爆，无论是房地产企业、投资商还是民间资本，都争先恐后地涌入房地产市场。十余年下来的结果，既支持了国民经济的景气繁荣，也导致一些地方房地产市场形成泡沫，并给一部分社会成员带来高房价下的“蜗居”与“望房兴叹”等问题。

当然，从全球范围来看的话，我国这段时间的发展历程并不是特有的，而是一种各经济体中比较普遍的现象。美国、欧洲、日本、韩国、拉丁美洲等国家和地区，也曾经经历过这样的发展阶段。最为典型的例子就是日本。在20世纪80年代金融和不动产泡沫形成期，日本在市场亢奋背景下房价也不断飙升，以致后来给整个国家的经济带来非常严重的负面影响。一方面，为了资本升值，大家都去投资买房，一片浮躁下没有多少人再愿意花费钱财和精力去投资和运营实体经济，所以产生巨大的挤出效应；另一方面，还导致经济社会贫富差距有所扩大。这种泡沫式的繁荣总是短暂的。十余年的光景，进入20世纪90年代以后，日本经济泡沫破灭，整个国家的经济一蹶不振。在长达20年的停滞期内，以房地产为主的各类资产价格开始断崖式坠落，给整个国民经济带来巨大打击。这是我们必须引起重视和警惕的前车之鉴。

中国还没有走到房地产价格跳崖的严重地步，但是也应该清醒地认识到，经历十余年高速增长的房地产市场，现在已经积累了不少泡沫，是必须进行合理调整的，不然一旦到最后出问题，必然是国家经济、房地产行业加上老百姓个人的难以承受之重。我国政府下决心积极探索和推行房地产市场调控，税收就是其中重要的和有效的调控手段之一。

客观地说，中国在探索保有环节开征房地产税的过程，是本着谨慎和一步一个脚印的原则逐步展开的。最早提出物业税概念（相当于现今所说的住房保有环节税收）的官方文件，是在2003年10月14日党的十六届中央委员会第三次全体会议通过的《中共中央关于完善社会主义市场经济体制若干问题的决定》，具体表述是，“实施城镇建设税费改革，条件具备时对不动产开征统一规范的物业税，相应取消有关收费”。而后，在2005年，时任财政部部长金人庆和时任国税总局局长谢旭人在“中国财税论坛2005”上提出，我国应当推行物业税并取消相关收费。2006年全国人大第四次会议批准的《中华人民共和国国民经济和社会发展第十一个五年规划纲要》中明确提出，“要改革房地产税收制度，稳步推进物业税并相应取消有关收费”。这一过程中，从2003年开始，我国就在全国六个城市开启了物业税模拟“空转”试点（本书下一章将对此进行详细介绍），而后又在2007年再增加了四个试点城市。至2010年，也就是物业税模拟“空转”进行了7年后，国家同意在部分城市进行对个人住房征收房产税的改革。2011年，以上海和重庆两个城市为试点，我国正式进入房地产税改革的试点进行时段。

7. 怎样理解党的十八届三中全会《决定》提出的“加快房地产税立法并适时推进改革”？

在党的十八届三中全会通过的《中共中央关于全面深化改革若干问题的决定》这一带有全面改革“顶层规划”性质的重要文件中，非常简洁地提出：“加快房地产税立法并适时推进改革”。完善立法是现代国家治理和现代财政制度的根本特征之一，只有加快立法，才能适应我国在现阶段深化改革与经济社会发展的客观要求。

理解“加快房地产税立法”中的这个“房地产税”，首先应当站在一个更加广义的层面上。虽然我们说现在的改革所指的税种非常明确，就是保有环节的房地产税，但是这样一个税种的开征不仅仅意味着这个税种本身的制度建设，而牵涉整个现行税收体系中与房地产相关的所有税种以及以多种收费形式存在的税外负担的通盘规划与合理化。目前我国实际开征的18种“正税”里面，与房地产相关的就有11种。实际上，在这个关于“房地产税”的通盘考虑中，还必须涉及在整个不动产开发、交易、保有全链条中各个环节的各种税收之外的收费，需要把这些一并纳入视野，加以整合。因为这些税和费合在一起，都要由市场主体和社会成员负担。这些所有的税费，怎么合理化，必然要求有一个通盘协调的理顺关系、整合归并的合理方案。从土地开发，到开发中间各个市场主体介入之后提供出来的成品的交易，再到交易以后的保有，所有税费都应在全面改革审视下合理协调——或需要在清理中间取消，或需要归并，或某些负担需要调减，或某些负担也需要调增。这样的通盘考虑，是对应于现代国家治理、现代社会生活中现代财政制度之下税费体系的构建和完善。比如说，前面提到的上海、重庆两地试点的房产税，就是要从无到有地建立起链条中间的不动产（包括消费住房）保有环节税收调节的制度框架。

我们要走向现代国家、现代社会，构建现代税制，这是一个绕不过去的改革任务。

对于《决定》中对房地产税表述的“立法”，需要做一种动态的理解和把握。我们国家现在具体开征的18种税，具体有“法”的形式的只有3种。逐一看起来，有了称作“法”的税种，对它的“法”的成熟性和严肃性实际上也往往难以做出较高评价。这是我国国情的渐进改革路径的约束（学术界称之为“路径依赖”）所客观地决定的。

比如个人所得税，是在20世纪80年代初我国实行对外开放之际，不得不建立的。打开国门后，大批外国专家涌入，不征其个人所得税，他们按照国际惯例和税收规划回到本国也要完税，既然有作为国际惯例的双边税收协调机制，当然我国应当是“肥水不流外人田”，需要按照国际惯例在自己的本土上对这些人征税，于是就需尽快通过立法确立个人所得税制度。但是，我国个人所得税演变至今，其法规条文的完善程度和成熟性，仍然是远远不能合乎意愿的，还需作出多轮次的修订。

回到中国法规体系的现状，要看到另外一个角度，就是对我们现在所说的“立法”应作什么样的理解。立法实际的涵盖面，绝对不是只覆盖到称为“法”的这些规则，而是从法覆盖到法下面更低层级的条例、暂行条例，一直到官方确定的各种红头文件。所有表现为“白纸黑字”的这些规则，都是中国现阶段法规体系的组成部分。上海、重庆两地的“房产税改革试点”，之所以并不违法，就是因为有这样一个法规体系和授权链条：在20世纪80年代后期，全国人大在1986年审批通过房产税的法规（暂行条例）之后，授权国务院规定具体实施方案，也就是说，如何制定实施细则，在国务院权限里已经得到授权。而国务院在这个授权之下，又同意了在上海、重庆两地，实施“敢为天下先”的“房产税改革试点”。但在并不违法的情况下，这样的规则的成熟度明显不足。这是现阶段我们不得不接受的事实，所以不能因为相关法规显得粗糙和不成熟，就否定改革的意义。

“万事开头难”，敢为天下先的改革更是不容易，但有所试点之后要求加快立法，实际上就是必须和明确鼓励“先行先试”、继续鼓励“摸着石头过河”这个取向上的改革，形成衔接式承先启后的联动关系。加快立法和继续先行先试，并不是互相排斥的关系，需要把握好一种合理互动的关系。结合学习以改革开放为核心概念的邓小平理论，可以知道，在对“立法”需要做动态理解和把握的情况之下，实际包含的一个精神实质，就是在一些存在明显争议的改革事项上面，必须给出试和闯的弹性空间。

所以我们考虑中国今后的改革、包括曾以“物业税”、“房产税”称呼的房地产税的改革事项时，在立法层面上，对加快立法和继续鼓励先行先试，不能做互相排斥的理解，必须很务实地考虑到中国这个大国的经济社会转轨动态演进中的立法过程。比如说，在两地试点和适时扩大试点范围的房产税实践基础上，也不排除有可能对十余种还无“法”的名称的规范文本的税的改革，先从现在的红头文件向暂行条例或者条例来提升，恐怕很难一下子把这么多税都按照“法”由全国人大牵头来形成正规的文本、审批之后全国一起实行。这样理想化的“一步到位”状态，在现实生活中是很难企及的。

所以在全面改革取向下，在争取使房地产业这个我国城镇化过程中的支柱性产业，更健康地在市场经济通盘发展中发挥它应有作用的过程中，既要把握改革大的方向，掌握好基本趋势和基本逻辑，又要注重国情、阶段特点，注重具体改革方案、步骤务实可行。中国人一向推崇“明道取势”，就是要对事物的规律性、客观趋势和基本逻辑首先有一个非常清醒的正确的判断。当下的全面改革新阶段中，构建让市场在资源配置中起决定作用的现代市场体系，是现代国家治理必须完成的改革攻坚任务。在这样一个基本依据之上，要注意房地产市场有它的特殊性，比如要在住房“保障轨”上得到有效供给的同时，才能在“市场轨”上得到健全的发展。但是大的改革方向是以经济手段为主调控房地产市场，经济调控手段里必须包括现代税制，包括现代税制里的直接税——房地产税（保有环节）。应当说，这样的方向与逻辑判断虽然还有不同意见，甚至往往还会受到尖锐的抨击，但从历年历次中央文件看，房地产税的大方向其实已经被决策层锁定。接下来，我们在“明道取势”的同时，必须又要务实可行，要讲“精术致用”。也就是说，需要推进的这套房地产税改革方案，必须带有审慎、务实、可行的特征。

在此要小结式地强调几点：

第一，需要清醒地看到，房地产税改革方向已经锁定。虽然有这么多争议，有强烈的不同意见，但从中央历次文件一直延伸到三中全会决定的内在逻辑，改革是需要往前推进的，此项改革已“箭在弦上”。

第二，房地产税的推出“要特别地慎重”，房地产税制建设，即住房保有环节从无到有要建立的一个直接税——财产税（名称也可能是房地产税或不动产税等），我们认为应该是坚持“调节高端”的原则，而不能够简单照搬美国那种“普遍征收”模式。应当把这一信息尽快在决策管理层面加以确立，并且让全社会吃定心丸，否则改革推进，不能体现应有的可行、务实精神。

第三，怎么调节高端？这就应该鼓励更多开明、理性的讨论。比如说，在必须澄清的法理依据问题、允许各地有差异性的问题等，都力求得到实事求是的、中肯的分析阐明之后，高端和非高端具体界限的把握，还必须在“技术路线”方面允许大家发表不同的意见：是第一套房算作免税的对象，还是人均一定标准作为免税对象？独立别墅是重庆的房产税试点方案所涉及的单独处理的存量，需要每年征税。但给出180平方米的起征点，也就是说，180平米以内是免税的。如果你的独立别墅是个“小户型”，没有超过180平米，照样一分钱税也不用交。这就是“调节高端”要领的一种具体化设计。这种具体数量的设计，改革推行中对各地并不应要求千篇一律。因为各地在地方税概念之下，应该留出有弹性的选择空间。当然，我国方案设计的内核，是应当有共性的。应该在凝聚基本社会共识的基础上，抓住渐进动态过程，优化立法，合理化推进改革攻坚程序，力求深化改革不动摇不放松不虚飘。这也是我国整个社会、全体人民群众，经受走向现代国家的历史性考验所必须面对的改革任务。在房地产税“加快立法”的过程中，肯定会征求社会方方面面的意见建议，我们的读者朋友可以充分表达各自的意见主张，共同寻求在立法文本上形成高水平、高可行性。

什么是物业税“空转”试点？

1. 物业税“空转”是什么？

物业税这个概念，国家有关文件中曾用于称呼在住房保有环节每年要征收的税种。物业税“空转”指的是国家相关管理部门进行的模拟评税试点。实际上，从2003年开始，财政部、国家税务总局就陆续在北京、辽宁、重庆等10个省市进行模拟评税试点。我们现阶段即将通过加快立法推出的房地产税，正是建立在10余年“空转”的准备工作基础之上的。

2003年，北京市提交了《关于在北京经济技术开发区开展房地产税模拟评税试点工作的请示》(京财税[2003]474号)，后得到财政部、国家税务总局《关于同意在北京经济技术开发区开展房地产税模拟评税试点工作的批复》。2004年9月，财政部、国家税务总局联合下发《财政部国家税务总局关于同意北京等6个地区开展房地产模拟评税试点工作的批复》。2007年，财政部、国家税务总局又联合下发《关于同意安徽等四个地区开展房地产模拟评税试点工作的批复》(财税［2007］122号)，将安徽、河南、福建、大连4个省市纳入模拟评税试点范围。同年10月，财政部、国家税务总局联合下发《关于进一步做好房地产模拟评税深化试点工作的通知》。

2. 物业税“空转”走过哪些试点?

北京市物业税模拟评税试点。2003年，北京市模拟评税试点开始进行，考虑到物业税的模拟评税需要系统的房地产信息，而以当时北京的情况来看，房地产信息化程度最高的就是亦庄经济开发区，所以北京物业税模拟评税试点最初选择的试点地区就是亦庄。随着评税试点的进展，2004年、2005年，继续选择了4个区和部分小区作为试点：一是北京市商业区最集中的西城区；二是典型的老城区宣武区（2010年7月撤销后成为新西城区一部分）；三是颇具新兴工业开发区特征的顺义区；四是远郊区县的代表房山区；五是海淀区的若干住宅小区。2006年，试点在之前的基础上扩大到试点区的所有纳税单位。

辽宁省丹东市物业税模拟评税试点。丹东市位于辽宁省东部，下设4个行政区和3个县(市)，分别是振兴区、振安区、元宝区、边境经济合作区和东港市、凤城市、宽甸满族自治县。丹东市模拟评税试点于2004年10月正式开始，到2006年，丹东市的试点工作范围扩大到其所有的4个区和3个县，在全地区范围内进行了数据采集工作，将所有经营性和部分居住性、事业单位的房地产同时纳入采集范围。丹东市采取成本法和收益法对所有通过审核的数据进行了评估，经过试点认为收益法评税技术标准在实践中存在一些问题。

宁夏回族自治区吴忠市物业税模拟评税试点。吴忠市是物业税模拟评税试点中唯一一个欠发达的西北少数民族地区。吴忠市利通区在2004年下半年到2005年年底完成第一阶段的试点工作，为此成立的专门工作小组制定了评税工作的相关制度、标准和实施方案，并完成了人员培训和信息采集等工作。工作小组入户访谈小组和财政部门组建的信息小组在两个月内采集了当地3 000余户房产信息。以此为基础，试点的税基评估工作进一步展开。

江苏省南京市物业税模拟评税试点。南京市模拟评税采用的是“分区+基准价格”的评估思路，采用了成本法、市场法和收益法来评估房产，尽可能地采用信息化手段和计算机评税系统，在鼓楼区、江宁区、高淳县采集房地产信息，对6 000宗房地产2 959户纳税人进行了模拟评税。

深圳市物业税模拟评税试点。深圳市罗湖区作为物业税模拟评税地区，于2004年11月成立深圳市模拟评税试点工作领导小组，2005 年年初进入全面实施阶段，深圳市国土局、建设局等相关部门获取信息和完成数据采集，并于 2006 年 4 月完成了基于成本法的评税软件开发。

安徽省芜湖市物业税模拟评税试点。作为第二批开启的试点，芜湖是安徽省获准的两个试点城市之一。试点确定后，芜湖市下发《关于成立房地产模拟评税试点工作领导小组的通知》，制订了实施方案，进行数据信息采集工作，先后采集了芜湖市城市土地分级、基准地价、房屋建安工程造价、建设与房地产开发收费标准等 1 000 多项数据，二手房交易案例 2 万个，商业用房租金案例 493 个。芜湖市地税局还与南京市工业大学签订了技术支持合同。除此之外，芜湖市还开展了各种相关培训。

3.“空转”为什么迟迟难以抵达“实转”?

我国从 2003 年开始就启动了物业税“空转”，而时至今日，已经是 2014 年，10 余年过去了，为什么房地产税仍然停留在“空转”和试点阶段而迟迟难以抵达“实转”的层面呢？相关原因是值得思考的。我们认为，目前主要存在法律基础、配套制度和利益博弈三个方面的难点，这些难点对房地产税从“空转”到“实转”的落实形成了压力和阻力，导致时间表上的拖延，但也正是针对这些难点寻求解决方案，房地产税才能在希望转入实征后更好、更科学、更切实地发挥作用。

第一难：法律基础未曾建立。

按照"税收法定"的原则，税收制度的前提和基础是法律体系，而我们国家目前还没有为房地产税完成立法，这是房地产税进入"实转"的第一个难点所在。国家征税通常必须通过立法机关的立法后，再以法律的形式来征收。我们国家现在正在实施的税种一共有 18 个，个人所得税、企业所得税和车船税这 3 个税种是在全国人民代表大会完成立法后征收的，但其他 15 个税种（包括增值税、消费税、营业税、资源税、城镇土地使用税、土地增值税、房产税、城市维护建设税、车辆购置税、印花税、契税、耕地占用税、烟叶税、关税和船舶吨税）是以全国人民代表大会授权国务院制定税收暂行条例的形式来征收的。这反映了经济社会转轨中立法工作的渐进性质。我们国家的征税立法权力属于最高权力机构——全国人民代表大会。十八届三中全会明确肯定的"税收法定"原则，所指的至少是有两个方面：一是现行的税收条例要尽快上升到法律层面；二是新税种的出台应首先考虑立法。保有环节开征的房地产税作为一个新税种，已明确需经"加快立法"首先建立法律基础。所以，物业税"空转"试点多年后，在立法难点上的顾虑现已有了明晰的解决路径。立法严格意义上不排除先把"红头文件"上升为条例，但在物业税"空转"和上海、重庆两地又有了房地产税开征试点的情况下，估计有关部门会力求按

“法”的规格来开展房地产税立法工作。以税收条例的形式所进行的立法完成时间较短，通过全国人大启动“房地产税法”的立法，在广泛征求社会各方意见基础上完成审批的过程则需要较长时间。但这也是房地产税本着法定、科学、合理、严谨等原则所必须经历的一个过程。

第二难：配套制度尚不完善。

前面我们已经对国外的房地产税作了大概的介绍，知道房地产税的出台其实并不是一个简单的建立新税种的问题，而是涉及方方面面的制度配套。就我们国家房地产税的建立而言，现在至少存在这么几个方面的配套制度问题：一是房产的统计制度。按照我国《物权法》以及《城市房地产管理法》的相关规定，我国的房地产施行土地使用权和房产所有权登记发证制度，也就是说，房地产的产权归属现状、变动以及其他的相关事项，在房地产登记机构那里都必须是簿上有名的。然而，虽然我们有房地产登记制度，但是这种登记只是对于权责发生作的较为笼统的登记，而每个个体拥有多少套房产、房产的归属地、房产的具体情况等全面信息，我们国家过去在制度层面并没有体现具体要求和形成完备信息。房地产税的征收与个人房产的数量、属地、面积等具体情况的核准、认定相关，必须在详细、系统、全面掌握这些信息之后，才能得以有效运行。2014 年后国家终于明确由国土资源部牵头，多部门配合，要在 2018 年前完成全国城乡所有不动产的登记确权和信息联网工作。二是房产的评估制度。在房产统计制度有待建设到位的同时，我们国家也还缺乏房产的评估制度。无论采用哪种评估方法，房地产税都必须建立在评估价值的基础上才能计算出具体税额。物业税的“空转”试点正是为了解决这一问题。在取得10个地方各具一定特色的试点经验的基础上，亟须全面总结，梳理问题，制定具体解决方案，尽快形成可以推广的评估标准和方法，并明确房产的评估机构。三是税收收入的使用制度。保有环节的房地产税开征后，主要作为地方政府的财政收入来源，而这笔税收收入的具体使用原则和用途是什么，也需要国家相关制度的出台。借鉴国际经验，这部分收入一般是用于当地的公共工程、基本公共服务、教育、医疗、环境保护等支出，并配之以尽可能详尽的信息披露制度，总之就是进一步提高公众的福利。我国在这方面亟应抓紧筹划和准备成体系的制度规范。科学合理的收入使用制度是房地产税能够真正起到一系列作用的关键之一。

第三难：利益集团的博弈。

任何一个新税种的出台，总避免不了触动一部分社会群体的利益，房地产税的出台更是这样。为什么房地产税的出台如此这般牵动各方人心呢？主要是因为房地产税涉及国家的利益、人民的利益、政府的利益和房地产商的利益，短期的、眼前的、局部的利益和长远的、根本的、全局的利益之间的权衡与协调，由牵动利益和牵动感情，形成方方面面的利益交织博弈。各种诉求的表达中，观点往往大相径庭，表现为激烈的争议，决策部门也颇费踌躇，迟迟难以定夺。这成为物业税空转实和房地产税扩大试点的最大障碍。

房地产业将是我国较长时期内的支柱产业。我们国家是一个发展中国家，目前正处于城镇化发展的黄金时期，而城镇化发展的进程中避免不了进行城镇基础设施、商品房建设、旧城升级改造和产业升级创造等等方面的建设开发，这些都隶属于房地产业的范畴。房地产业对整个产业链有宽广的辐射与拉动。

同时从利益链条上来讲，与房地产业相关的利益链条非常错综复杂，我们可以简单梳理一下，以求管中窥豹。房地产业在开发的环节，开发商首先要取得土地所有权，而在获取土地所有权的时候，开发商需要缴纳相当数额的土地出让金，这是地方政府财政收入的重要来源；在缴纳土地出让金后，开发商会通过灵活的信贷方式进行开发建设前的融资，可以说，这是金融系统尤其是银行业蓬勃发展的重要原因之一；一边融资一边建设，或在融资完成后进行建设，房地产承建环节牵动着钢铁、水泥建材、电力能源、公用事业、建筑设计与安装等一系列的产业发展和就业提供；房屋竣工后，无论是开发商精装修还是业主后来进行自主装修，房地产行业都带动着家居设计、室内装修业、家具、家电、生活耐用品、床上用品等一系列产品和服务市场，乃至牵动书籍、影音产品等文化用品的市场(试想一家人欢天喜地乔迁新居，往往会兴冲冲地前往文化商城采购一批书籍、光碟放入新家）。沿着这套最简明的逻辑链条，我们能够看出房地产业涉及的行业之宽、带动的范围之广。

房地产税的出台，可能造成的影响是多方面的：一方面，从短期来看，可以减少房地产投机行为的可能空间，意味着减少房地产的出售数量来削减泡沫，这就往往意味着挤压房地产开发商的利润；而挤压利润可能意味着促使房地产开发规模的回落，进而影响土地所有权的转让；土地所有权转让的减少，则可能意味着地方政府财政收入来源的减少——我国地方财政收入的主要用途是建设支出和福利支出，财政收入的减少意味着地方政府建设支出和福利支出的可支配额度减少，并影响在政府任期内取得意愿中的“政绩”。而另一方面，从近些年来看，我国房地产行业已存在泡沫，按照国际经验，这种泡沫如果不能得到合理的遏制，很可能最终摧垮整个宏观经济，从经济长期发展的角度来看是非常危险的；而保有环节的房地产税可以减少房地产市场的投机行为，抑制房地产市场过热。在去泡沫的过程中，金融行业大笔的非正常投资也会回转至实体经济，毕竟实体经济才是经济发展的支柱，进一步调整经济结构，真正靠经济硬实力和软实力的提升来赢得经济发展才是根本的发展之道，保有环节的房地产税可以成为去房地产市场发展泡沫的长期稳定器。并且房地产税能够调节通过房地产非正常繁荣而导致的贫富差距过大，所以保有环节的房地产税可以成为社会经济发展过程中的稳定器。

房地产不仅涉及普通百姓的利益、政府自身的利益，还必然涉及房地产商的利益集团，这一点，从房地产商代表与财税学家之间多轮口水战中就可见。以免房地产商代表自然要在商言商，通过各种途径阻止保有环节的房地产税开征，以免影响房地产需求或调低房价；而财税学家从维护国家、人民长远利益和宏观经济长期稳定发展的角度，自然是要依照经济学和财政学原理，将国家税制向科学化、合理化方向推进。除此之外，关于房地产税的实施，激辩的问题还有许多，最典型的包括“房地产税的法理依据是什么”、“房地产税的受益群体是谁”、“房地产税与房价到底有什么关系”以及“房地产税与土地财政到底有什么关系”等等相关问题，本书将在第六章中对这些问题进行更为深入的探讨。

观点之争：任志强 VS 贾康，房产税观点 PK

第一轮：关于房产税与房价

2010年5月底，华远地产董事长任志强称：“中国的高房价根子在供给的不足上，但税收的板子却打在消费者的需求上。因此，将降房价的希望寄托于持有税的增加上，毫无疑问这是将希望建立在了冰上。”2010年6月初，财政部财政科学研究所研究员，时任所长的贾康正面回应了任志强对其的质疑，并详细阐述了征收房产税的三大正面效应：第一，现在所说的房产税，实际上是房地产税，或者前一段所说的物业税，在不动产保有环节增收，为市场经济发展提供制度条件，使分税制得到体现，地方税体系得到一个支柱性的财源，这使地方税行为更加长期化更加合理化。这样会增进基本服务均等化，使地方政府更好履行职能。第二，使房地产经济发展少些泡沫。房地产价格动不动大起大落对谁也没有好处，这个制度建设是客观需要的。第三，房产税的出台，能发挥再分配调节作用，使高端的有好房子、大房子的人多承担一些税负，他们有这样的承担能力，这个税收会反过来支持低端的廉租房建设，促进公租房建设，使我们最低收入层和夹心层，得到更好的住有所居条件。这个调节以经济杠杆为核心，符合市场经济调节理念。

第二轮：更多相关方面和影响因素的讨论

2012年8月30日，新浪微博第一财经首席评论官方账号张贴了宣传微博“财政部财科所所长贾康，接受@张媛第一财经专访，细解为什么要推房产税，重庆上海两地房产税试点的情况到底如何，又会不会在全国推广？房产税又会不会加重中国纳税人的‘痛苦指数’。与其他的官员不同，贾所长主动谈到了中国人纳税的痛苦指数。节目就在今晚播出。”立即引起素有“任大炮”之称的任志强蓄势“开炮”：“忘了‘一虎一席谈’了？”

网友“夏天已经启程”则立刻发表评论：“为什么这么怕房地产税？是哪些人在怕?！房子少了当然不够住，但你一人一家拥有那么多的房产干什么？留给子孙？难道你的子孙没有手脚脑袋不会自己创造？房子在生产的过程中对资源的浪费和环境的污染让所有人和你一起承担？”

2014年9月1日，贾康在微博上挂出了开征房产税的可行性分析报告。他认为，打压房价并不是开征房产税的唯一目的，实质上是通过房产保有环节征税形成规范的经济调节杠杆，来形成多种正面效应，包括对地方政府职能转变的合理激励，以及在配套改革中改变地方政府对土地财政的过度依赖。

2012年9月4日，担任第一财经频道节目嘉宾的任志强提出：“以前我和贾康在一档栏目讨论过房产税的问题”（指凤凰卫视“一虎一席谈”2011年2月12日播出的“房产税会进行到底吗?”），对贾康的观点“开炮”，直言：“贾康不见得会比地产商更懂得中国房地产情况，贾康用了一个虚拟的方式认为中国人一辈子只需要买一套房，从现实情况看，那个观点是错误的。拿美国人为例，一生要购买7套房子。”“贾康在糊弄老百姓，征收房产税老百姓是受害者。任何和房子交易与持有有关的税收，一定会推高房价！房产税一定会体现在租金或房价中由消费者承担！”

当日，新浪微博上由房龙点评网官方微博账号发布的一条微博在网上疯狂转载，微博原文为：“【任志强：贾康在糊弄老百姓　征收房产税受害的是消费者】@贾康：有了房产税，那些炒房人就会掂量掂量了，这种情况下，房价一定会更沉稳；@任志强：贾康是在糊弄老百姓！任何和房子交易与持有有关的税收，一定会推高房价！房产税一定会体现在租金或房价中由消费者承担！

贾康对此发表评论，认为：“任总此‘一定’观点缺乏对于相关供需演变机制的经济分析。”

而任志强后又针对房产税的征收范围和征收方式对贾康展开追问：“如果保障房不收房产税，宪法说土地归全民，如何收商品房的财产税？只收地上建筑的吗？”

贾康在微博上回复：“对国有企业可收税；对国有土地上的不动产也可收税，严格些说可称为房地产税。”他解释，说得简练鲜明些，就该像收缴水电煤气费一样收缴房产持有税，而且援引了网友设想的一个方案：“应该阶梯征收！一套免，二套每年1%，三套每年10%！逼出有效供给！”并强调：“首套房或一定人均标准之下的部分应免税，是我一贯的观点。”

任志强继续反驳，他认为：“将房产税纳入税制改革中，是方向和初衷。但其他条件不改而只加税就变成抢钱了。”

这时网友“大连小恒”发表观点支持贾康：“我觉得中国人现在真是太敏感了，还特容易被人煽动，一说征税就像要被抢劫了似的。税收本身就是一个调节工具而已，说房产税导致房租涨价？怎么就不说大量持房者迫切希望出租使得出租房源增加从而导致房租下降呢？这个事是那么简单一刀切的吗？房产税能促进税改，税改能惠及所有人。怎么就不看房产税积极的一面？”

另外，针对保障房的批评议论，贾康对网友“lllidan29”的提问作出回应：“早已明确几年间要建3600万套左右的保障房，这两年每年竣工数百万套，新开工数百万套，三令五申按硬任务落实并反复强调加强管理。这不是基本事实吗？当然保障房建设管理都存在问题需优化改进，但不可看到问题就以偏概全通盘否定。”

针对网友“世界投资大师”提及的税负增加对租房市场的“提价转嫁”影响，贾康回应道：“如保障房供给到位同时大量空置房涌入租房市场，可就不是您想提租就能提得起来的情况了。”

针对网友“中证杨光”的提问“求证：国外房产税与物业费是并存的吗？”贾康作出回应：“房产税交政府，物业费交物业公司，不同性质，各行其道，国内外都一样。”

任、贾两人关于房产税的口水战，后陆续被新华网财经频道、新浪房产等官方微博以及多家媒体转载报道，引来不少围观。

知名评论人水皮也加入房产税的“乱战”中，称：“由于《物权法》的实施，一定程度上土地实现了变相私有，至少使用权被无限延续，出让金可理解为永久产权买断，房产就是私财，上税是天经地义的。房产税是剪羊毛，可以年年剪、持续地剪，但是依靠房产税打压房价简直是天方夜谭。”

任志强对此附言称：“《物权法》没说到期后是否补交再使用土地的出让金？还留了个再收一次的口子。”

而正如本书第二章所述，我国的《物权法》第一百四十九条又有关于“用益物权（他物权）”的明确规定：“传统建设用地的使用权期间届满的，自动续期。”这就回应了社会上许多人对于住房土地70年使用权到期之后怎么办的疑虑和担心：“自动续期”应明显有别于重签合同与重交出让金，应属于象征性地交纳一份续期手续费换取新的土地使用权证的方式。这一点，恰对任志强的问题作了最好的回应。

有热心网友总结：“普遍是没房子的支持贾，有一套房的说‘关我屁事’，有两套及以上房的人支持任喽。”这次口水PK及其引发的大讨论，也使各界进一步认识到房地产税开征的影响之广、影响之深。

（资料来源：新浪微博2012年9月）

导读链接：什么人反对房产税？

一是一些开发商，但客观地讲，不是全部开发商都反对，比如潘石屹就明确认为对三套以上的住房征房产税是很有必要的。

二是一些学者，见仁见智，各有其主张（这里不展开讲）。

三是网民，其中大多数是年轻人。网上活跃的这些年轻人，主要是应该得到保障房供给的中低收入人群，而我们讨论的房产税如果明确是调节高端住房消费的话，本来不会跟他们有什么直接关系，但是他们心目中的预想是：只要有可能就要买自己的产权房，如果进而要被征税，就要坚决反对。同时，由于调控当局“定心丸”没有送到位，个人理解不同，往往导致民间反对房产税的声音很大。

四是很多官员对房产税改革持反对意见。在当今中国，从中央到地方的官员一般都有好房、大房，还有不少人有多套房。是不是有多套房子的官员都有违规行为？那也未必，多数还是各种历史因素造成的。但这已形成了现在的既得利益群体。

所以，我们需要真切把握“人民群众的根本、长远利益”和化解既得利益的阻碍，按照总书记所说“突破利益固化的藩篱”，把房产税改革往前推，最大限度地化解对立因素，在渐进改革中徐图实际进展。

深度阅读：

高峰论坛二之潘石屹、任志强、贾康论2011房地产大势

http://news.dichan.sina.com.cn/2011/01/10/262300_1.html

上海、重庆两地的房产税试点是什么样子的?

1. 上海房产税试点是什么样子的?

2011 年 1 月 27 日，上海市印发《上海市开展对部分个人住房征收房产税试点的暂行办法》，决定于 1 月 28 日起在上海市开展对部分个人住房征收房地产税试点。上海房产税试点的全貌可归纳成如下的表格。

表 5–1　上海市房产税试点主要措施

试点范围	上海市行政区域
征收对象	上海市居民家庭在上海市新购且属于该居民家庭第二套及以上的住房（包括新购的二手存量房和新建商品房）和非上海市居民家庭在上海市新购的住房
纳税人	应税住房产权所有人
计税依据	应税住房的房地产市场价格评估值

试点范围	上海市行政区域
评估机制	在市政府领导下，由地税、财政、住房等部门共同组织实施
适用税率	税率为 0.6%；应税住房每平方米交易价格低于上海市上一年度新建住房平均销售价格 2 倍的，税率减为 0.4%
税收减免	应税住房人均面积不满 60 平方米（含 60 平方米）的新购住房免征；人均面积超过 60 平方米的，对超出部分的面积按照规定征收
收入用途	用于保障性住房建设等支出
征收管理	由住房所在地地方税务机关负责征收；自纳税人取得住房产权的次月起计征

上海市房产税调节的主要方向是增量房而不是存量房，所以调节的范围并不太大。通过上海的试点，我们看到这套房地产税方案对刚需并没有产生太大的影响，虽然规定的是如果总面积超过 60 平方米，新买住房超出的平米数就要缴纳房地产税，但是真正需要的人还是会继续买第二套，而靠房地产来投资的人，如果达到纳税的条件，必然不会再考虑继续买房，可以说在控制继续进行房地产投机行为方面发挥了很好的作用。当然，上海市房产税试点也存在一些问题，从现在暴露的问题来看，由于税率较低，以目前力度还只能调节到中端收入水平的投资者，对于真正有大资本的投资者而言，由于存在对房产保值增值的预期，往往并不在乎每年缴纳很少一部分的房产税。

导读链接：上海市开展对部分个人住房征收房产税试点的暂行办法

为进一步完善房产税制度，合理调节居民收入分配，正确引导住房消费，有效配置房地产资源，根据国务院第136次常务会议有关精神，市政府决定开展对部分个人住房征收房产税试点。现结合本市实际，制定本暂行办法。

一、试点范围

试点范围为本市行政区域。

二、征收对象

征收对象是指本暂行办法施行之日起本市居民家庭在本市新购且属于该居民家庭第二套及以上的住房（包括新购的二手存量住房和新建商品住房，下同）和非本市居民家庭在本市新购的住房（以下统称“应税住房”）。

除上述征收对象以外的其他个人住房，按国家制定的有关个人住房房产税规定执行。

新购住房的购房时间，以购房合同网上备案的日期为准。

居民家庭住房套数根据居民家庭（包括夫妻双方及其未成年子女，下同）在本市拥有的住房情况确定。

三、纳税人

纳税人为应税住房产权所有人。

产权所有人为未成年人的，由其法定监护人代为纳税。

四、计税依据

计税依据为参照应税住房的房地产市场价格确定的评估值，评估值按规定周期进行重估。试点初期，暂以应税住房的市场交易价格作为计税依据。

房产税暂按应税住房市场交易价格的70%计算缴纳。

五、适用税率

适用税率暂定为0.6%。

应税住房每平方米市场交易价格低于本市上年度新建商品住房平均销售价格2倍（含2倍）的，税率暂减为0.4%。

上述本市上年度新建商品住房平均销售价格，由市统计局每年公布。

六、税收减免

（一）本市居民家庭在本市新购且属于该居民家庭第二套及以上住房的，合并计算的家庭全部住房面积（指住房建筑面积，下同）人均不超过60平方米（即免税住房面积，含60平方米）的，其新购的住房暂免征收房产税；人均超过60平方米的，对属新购住房超出部分的面积，按本暂行办法规定计算征收房产税。

合并计算的家庭全部住房面积为居民家庭新购住房面积和其他住房面积的总和。

本市居民家庭中有无住房的成年子女共同居住的，经核定可计入该居民家庭计算免税住房面积；对有其他特殊情形的居民家庭，免税住房面积计算办法另行制定。

（二）本市居民家庭在新购一套住房后的一年内出售该居民家庭原有唯一住房的，其新购住房已按本暂行办法规定计算征收的房产税，可予退还。

（三）本市居民家庭中的子女成年后，因婚姻等需要而首次新购住房、且该住房属于成年子女家庭唯一住房的，暂免征收房产税。

（四）符合国家和本市有关规定引进的高层次人才、重点产业紧缺急需人才，持有本市居住证并在本市工作生活的，其在本市新购住房、且该住房属于家庭唯一住房的，暂免征收房产税。

（五）持有本市居住证满3年并在本市工作生活的购房人，其在本市新购住房、且该住房属于家庭唯一住房的，暂免征收房产税；持有本市居住证但不满3年的购房人，其上述住房先按本暂行办法规定计算征收房产税，待持有本市居住证满3年并在本市工作生活的，其上述住房已征收的房产税，可予退还。

（六）其他需要减税或免税的住房，由市政府决定。

七、收入用途

对房产税试点征收的收入，用于保障性住房建设等方面的支出。

八、征收管理

（一）房产税由应税住房所在地的地方税务机关负责征收。

（二）房产税税款自纳税人取得应税住房产权的次月起计算，按年计征，不足一年的按月计算应纳房产税税额。

（三）凡新购住房的，购房人在办理房地产登记前，应按地方税务机关的要求，主动提供家庭成员情况和由市房屋状况信息中心出具的其在本市拥有住房相关信息的查询结果。地方税务机关根据需要，会同有关部门对新购住房是否应缴纳房产税予以审核认定，并将认定结果书面告知购房人。应税住房发生权属转移的，原产权人应缴清房产税税款。

交易当事人须凭地方税务机关出具的认定结果文书，向登记机构办理房地产登记；不能提供的，登记机构不予办理房地产登记。

（四）纳税人应按规定如实申报纳税并提供相关信息，对所提供的信息资料承担法律责任。

纳税人未按规定期限申报纳税的，由地方税务机关向其追缴税款、滞纳金，并按规定处以罚款。

（五）应税住房房产税的征收管理除本暂行办法规定外，按《中华人民共和国税收征收管理法》等有关规定执行。具体征收管理办法，由市地税局负责制定。

九、部门职责

（一）建立工作机制

市政府成立由市财政、地税、住房保障房屋管理、建设交通、规划国土资源、公安、民政、人力资源社会保障、统计等部门组成的房产税试点工作机构，建立健全工作机制，推进房产税试点工作。

（二）协同征收管理

市住房保障房屋管理、建设交通、规划国土资源、财政、公安、民政、人力资源社会保障、统计等部门要积极配合地方税务机关建立应税住房房产税征收控管机制，根据本市对部分个人住房征收房产税试点的需要，提供相关信息，共同做好应税住房的认定工作。

（三）实现信息共享

市地税、住房保障房屋管理、建设交通、规划国土资源、财政、公安、民政、人力资源社会保障、统计等部门要共同建立全市统一的房地产信息管理平台，实现个人住房信息数据库信息共享。

十、评估机制

房产税税基评估工作在市政府统一领导下，由市地税、财政、住房保障房屋管理、规划国土资源等部门共同组织实施。

十一、其他事项

本暂行办法未涉及的其他事项，按国家和本市的有关规定执行。

本市开展对部分个人住房征收房产税试点中的具体规定，由市财政局、市地税局、市住房保障房屋管理局等部门制订，并报市政府同意后公布执行。

本暂行办法自2011年1月28日起施行。

2. 重庆房产税试点是什么样子的？

2011年1月27日，重庆市印发《重庆市人民政府关于进行对部分个人住房征收房产税改革试点的暂行办法》，决定于1月28日起在重庆市部分区域开展对部分个人住房征收房地产税试点。重庆市房地产税试点的全貌可归纳成如下的表格。

表 5-2　重庆市房产税试点主要措施

试点范围	重庆市渝中区、江北区、沙坪坝区、九龙坡区、大渡口区、南岸区、北碚区、渝北区、巴南区（即主城九区）
征收对象	个人拥有的独栋商品住宅；个人新购的高档住房（指建筑面积交易单价达到上两年主城九区新建商品住房成交建筑面积均价 2 倍及以上的住房）；在重庆市无户籍、无企业、无工作的个人新购（指重庆房地产税试点暂行办法实施之日起购买的住房）的第二套及以上的普通住房
纳税人	应税住房产权所有人；产权人未成年的，由法定监护人缴纳；产权出典的，由承典人缴纳；产权有纠纷的，由代管人或使用人缴纳
计税依据	应税住房的房产的交易价格
适用税率	独栋商品住宅和高档住房建筑面积交易单价在上两年主城九区新建商品住房成交建筑面积均价 3 倍以下的住房，税率为 0.5%；3 倍至 4 倍的，税率为 1%；4 倍及以上的，税率为 1.2%；在重庆市同时无户籍、无企业、无工作的个人新购第二套及以上的普通住房，税率减为 0.5%
税收减免	农民在宅基地上建造的自有住房，免征收；重庆市同时无户籍、无企业、无工作的个人满足任一条件，从当年起免征收
收入用途	用于公共租赁房的建设和维护
征收管理	由住房所在地地方税务机关负责征收；自纳税人取得住房产权的次月起计征

2011 年 4 月，重庆市主城高档商品住房建筑面积占批准上市商品住房的比例为 10.38%，开征房产税后，这一比值下降到 6.65%，换句话说，房产税为重庆市房地产开发降了温。

与上海市不同，重庆市房地产税试点显然是将限制高端市场作为调整的主要方向之一，这种扭转消费者买大房、买贵房的调节作用在重庆市是比较明显的。与上海市试点所面临的问题类似，由于税率较低并且存在对房地产保值增值的预期，许多特别有经济实力买大房、买贵房的自住者或者投资者并不在乎每年缴纳极少部分的房产税，不易触及真正的高端。客观上，重庆试点方案因为触及独栋别墅存量，调节到高端富裕群体的既得利益，比上海方案要相对“激进”。

导读链接：重庆市人民政府关于进行对部分个人住房征收房产税改革试点的暂行办法

为调节收入分配，引导个人合理住房消费，根据国务院第136次常务会议有关精神，重庆市人民政府决定在部分区域进行对部分个人住房征收房产税改革试点。现结合我市实际情况，制定本暂行办法。

一、试点区域

试点区域为渝中区、江北区、沙坪坝区、九龙坡区、大渡口区、南岸区、北碚区、渝北区、巴南区(以下简称主城九区)。

二、征收对象

（一）试点采取分步实施的方式。首批纳入征收对象的住房为：

1. 个人拥有的独栋商品住宅。

2. 个人新购的高档住房。高档住房是指建筑面积交易单价达到上两年主城九区新建商品住房成交建筑面积均价2倍（含2倍）以上的住房。

3. 在重庆市同时无户籍、无企业、无工作的个人新购的第二套（含第二套）以上的普通住房。

新购住房是指《暂行办法》施行之日起购买的住房（包括新建商品住房和存量住房）。新建商品住房购买时间以签订购房合同并提交房屋所在地房地产交易与权属登记中心的时间为准，存量住房购买时间以办理房屋权属转移、变更登记手续时间为准。

（二）未列入征税范围的个人高档住房、多套普通住房，将适时纳入征税范围。

三、纳税人

纳税人为应税住房产权所有人。产权人为未成年人的，由其法定监护人纳税。产权出典的，由承典人纳税。产权所有人、监护人、承典人不在房产所在地的，或者产权未确定及租典纠纷未解决的，由代管人或使用人纳税。

应税住房产权共有的，共有人应主动约定纳税人，未约定的，由税务机关指定纳税人。

四、计税依据

应税住房的计税价值为房产交易价。条件成熟时，以房产评估值作为计税依据。

独栋商品住宅和高档住房一经纳入应税范围，如无新的规定，无论是否出现产权变动均属纳税对象，其计税交易价和适用的税率均不再变动。

属于本办法规定的应税住房用于出租的，按本办法的规定征收房产税，不再按租金收入征收房产税。

五、税率

（一）独栋商品住宅和高档住房建筑面积交易单价在上两年主城九区新建商品住房成交建筑面积均价3倍以下的住房，税率为0.5%；3倍（含3倍）至4倍的，税率为1%；4倍（含4倍）以上的税率为1.2%。

（二）在重庆市同时无户籍、无企业、无工作的个人新购第二套（含第二套）以上的普通住房，税率为0.5%。

六、应纳税额的计算

（一）个人住房房产税应纳税额的计算。

应纳税额＝应税建筑面积 × 建筑面积交易单价 × 税率

应税建筑面积是指纳税人应税住房的建筑面积扣除免税面积后的面积。

（二）免税面积的计算。

扣除免税面积以家庭为单位，一个家庭只能对一套应税住房扣除免税面积。

纳税人在本办法施行前拥有的独栋商品住宅，免税面积为180平方米；新购的独栋商品住宅、高档住房，免税面积为100平方米。纳税人家庭拥有多套新购应税住房的，按时间顺序对先购的应税住房计算扣除免税面积。

在重庆市同时无户籍、无企业、无工作的个人的应税住房均不扣除免税面积。

七、税收减免与缓缴税款

（一）对农民在宅基地上建造的自有住房，暂免征收房产税。

（二）在重庆市同时无户籍、无企业、无工作的个人拥有的普通应税住房，如纳税人在重庆市具备有户籍、有企业、有工作任一条件的，从当年起免征税，如已缴纳税款的，退还当年已缴税款。

（三）因自然灾害等不可抗力因素，纳税人纳税确有困难的，可向地方税务机关申请减免税和缓缴税款。

八、征收管理

（一）个人住房房产税的纳税义务发生时间为取得住房的次月。税款按年计征，不足一年的按月计算应纳税额。

（二）个人住房房产税由应税住房所在地的地方税务机关负责征收。

（三）纳税人应按规定如实申报纳税并提供相关信息。

（四）个人住房房产税的征收管理依照《中华人民共和国税收征收管理法》的规定执行。

九、收入使用

个人住房房产税收入全部用于公共租赁房的建设和维护。

十、配套措施

（一）上两年主城九区新建商品住房成交建筑面积均价按照政府职能部门发布的年度均价计算确定。

（二）有关部门要配合征收机关应用房地产评估技术建立存量住房交易价格比对系统，对各类存量个人住房进行评估，并作为计税参考值。对存量住房交易价明显偏低且无正当理由的，按计税参考值计税。

（三）财政、税务、国土房管、户籍、工商、民政、人力社保等主管部门要共同搭建房地产信息平台，抓紧建设个人住房信息系统。

（四）各相关管理部门要积极配合税务部门建立个人住房房产税征收控管机制。对个人转让应税住房不能提供完税凭证的，不予办理产权过户等相关手续。

（五）纳税人在规定期限内不缴或少缴应纳税款的，由地方税务机关责令限期缴纳，逾期仍未缴纳的，地方税务机关可以书面通知纳税人开户银行或者其他金融机构从其存款中扣缴税款、滞纳金及罚款。

（六）欠税公告后仍不缴纳的，纳税人欠缴个人住房房产税情况纳入个人征信系统管理。

十一、本办法由重庆市人民政府解释。

十二、本办法从 2011 年 1 月 28 日起施行。

3. 房产税试点得失应怎样看待？

重庆和上海的房地产税进行试点后，许多观点认为这两个城市的房产税试点是失败的，试点的模式也应当废弃，因为在这种模式下，既不能真正遏制高房价，又无法产生可观的税收等等，负面观点在媒体上有不少。

那么到底是不是这样呢？我们认为并不应当这样看待两地试点。在上海、重庆率先实行的房产税收改革试点具有在千难万难的改革中试点、破冰的意义，既然现在已有种种的矛盾和争议混合在一起，上海、重庆的地方决策层却知难而进，敢为天下先，他们实际上突破了官场“多一事不如少一事”的潜规则，这是符合改革精神和改革方向的。房产税试点对两城市的房地产市场和人们的消费行为产生了实际的影响，两个城市的高端不动产，都明显出现了成交量下降、价格趋稳的现象，这是很明显的正面效应。对房产税试点效果的评判，不能表面化和只看一时。因为在上海、重庆这样的地区搞房产税试点，最重要的任务还不是在当下筹集收入，而是意在调节市场，影响人们的住房消费，引导预期，并为省以下财税体制改革提供配套。房地产保有环节的税是按年可持续征收的，不必急于根据目前少数地方试点情况判断它一年可以征收多少税上来，而是要看到未来房地产税的财源支柱属性将会逐渐显现。看清了破冰的意义和未来的发展前景以后，不能简单地停留于争议，要在改革大方向上像邓小平说的那样“大胆地试，大胆地闯”，这个“闯”当然要有承担风险的气概。

综合地说，首先，要充分肯定上海、重庆敢为天下先的实验，那是邓小平改革理论的精神实质在现实生活中的表现。

有的人从赞成改革方向发声，就认为两地试点不过瘾、力度不够，我们认为不能直接从这个视角来评价这两个地方的改革。上海和重庆的改革已是经过了千辛万苦的努力。中国现在各种矛盾凸显中不同的作用力交织在一起，做一件事非常难，但毕竟要设计一个初步探索的改革方案，再让它确实启动起来，需要把试水、破冰这个事情实质性地往前推。谁不愿意缩在自己家里安安稳稳地呢？其实官场也一样。迈出了第一步之后，不同意见、批评之声，也产生了许多，有人甚至把改革的合法性说成完全没有，评价房产税试点时说是跟已取消的农业税是一样的税种，我们认为这个看法很偏激。房产税是已经完成了条例形式立法程序，由人大对国务院给予具体方案授权的一个税种，在地方层面上的试点又得到中央领导层的允许才得以先行先试的。农业税实际带有让社会中的低端弱势群体纳税的特点，而房产税改革试点显然触及的是社会中的收入高端、有支付能力的人群，两者决不应相提并论。

第二，房地产保有环节税收的制度机制并不是一个简单的架构，柔性切入、引入其制度框架以后，还要观察更进一步的发展。既然是试点，那么各个地方肯定会有各自不同的考虑。上海的特色被称为不动存量，上海的领导层说有信心把地面上所有的住房信息基本掌握好，能掌握出手再买一套房子的人，到底是其第几套，这样就可以进行征税了。在上海市的税收试点情况下，原来还想吃进再转手倒卖的人受到了限制，对增量形成一个新税的调节机制。大家今后也可以观察和体会，在增量方面引入这个税收以后展开，正面效应是什么。重庆方案则包含着把存量拉入进来的机制，在这方面似乎比上海力度大一点，一开始强调在存量的高端也要实施这个税，包括称为独立别墅的这种不动产，消费方也要纳入。可观察到的第一个案例报告，是一处200多平方米的花园洋房（就是独立别墅），从2月份开始计税，11个月是不到7 000元的税收负担。在重庆这样一个整个房地产市场的价格表现没有像上海一样处于很高水平的地方，它的决策层认为可以把这个方向上的改革力度做得更靠前一点而触及高端存量，这体现出一定力度。重庆的做法其实也体现了纳税人支付能力上的考虑：住200多平方米花园洋房的房子，一年缴不到10 000元人民币，对于业主来说绝对不是伤筋动骨的事情。所以两地试点的正面效应是应当肯定的。但是也应该讲，这样的房税改革试点启动以后，必然还有大量的后续优化问题，可能的发展轨迹，是在增强和高端引入这样一个税的调节机制以后，应该有耐心地再观察一段时间，最后汲取两个试点的优点加入深化改革方案。

第三，两地试点刚启动不久就曾有一些观点认为两地房地产税试点成效不足：一个观点是税收收入增加很少；另一个观点是说没有看到房价急速下跌，“动静不大”。应当指出，这些都是非常表面化的认识。住房保有环节上的税是按年征收的，在接近年底时才好判断年度收入；在试点初期是低力度

"柔性切入"的，需若干年后渐进改革基本到位时才能大体看清收入的可能规模。在上海、重庆这样的大城市，房产税改革试点最重要的任务，一定意义上还不是筹集收入，而是要为调节经济和社会生活在制度建设方面"破冰、试水"，但未来的财源支柱属性将会逐渐显现。

第四，房价并不会因为局部试点应声而落。中国现在实际城镇化水平还不到40%，以后要一路走高到70%—80%才能相对稳定，在这样一个历史进程中，房地产保有环节的税收并不可能改变中心区域不动产价格上扬曲线的大模样。其实没有任何力量能改变这一上扬曲线的基本模样。但是，有了这个税以后，它会使曲线的斜率降低，发展的过程更平稳，减少泡沫，不易频繁大起大落而造成对社会生活的负面冲击。改革初期，重庆和上海的高端不动产成交量都出现明显下降，价格趋稳，这就是很明显的正面效应，是试点已体现的实践验证作用。同时，还应注意，在上海，管理部门多年想追求的一些不动产配置方面的调节目标，这次发现通过税制的具体设计，取得了很好的实际调节效果。比如在上海管理部门多年苦恼的问题就是大家都愿意在城市中心区购置不动产，"宁要浦西一张床，不要浦东一套房"，而上海房地产税试点方案里有一个很小的差别化杠杆——中心区域的税率是0.6%，周边区域的税率是0.4%，就是这一微小的差异，可以把许多买主引流到周边区域，产生了过去多年求之不得的土地利用格局优化效果。

从中国“渐进改革”的“路径依赖”视角不难理解，房地产税调节的效果在启动初期不会太明显，因为太明显对民众生活的影响和社会震动就比较大。从上海、重庆的试点来看，都是一开始有意从相对平缓的角度切入，但是从长远来看，这一改革的影响和正面效应是完全可以期待的。党的十八届三中全会《决定》明确要求“加快房地产税立法并适时推进改革”，是在两地试点之后对于此项改革的全局进展给出的指导思路，两地试点所形成的实践层面探索经验，将成为“加快立法”的弥足珍贵的本土经验依据和政策方案设计、政策优化的支撑信息源之一。

跳出就房地产税论房地产税的局限，我们可以看到，上海、重庆两地试点的房地产税，实际上是我们国家财税改革的一个重要组成部分，从总体上而言是为全局作出贡献的，今后需要强调怎么样在顶层规划、加快立法中发挥服务全局功能，房地产保有环节税收两地试点的得失，也应当在此基础上进行思考。

第一个问题：房地产“调控新政”，怎样抓住应有的长效机制建设？

首先，制度框架是必须考虑的问题，房地产税改革目标直接和这个问题相关。要使中国房地产业以后几十年内继续配合推进工业化、城镇化、市场化、国际化和信息化，真正打开潜力空间，一定要有相关的制度建设。房地产业支柱作用是无法否认的，房地产业和建筑业，一定是中国城镇化几十年进程中国民经济强大的发展引擎和动力源。同时，要严防这一支柱产生偏差，造成对全局的负面效应和对业界自身健康发展的不良影响。从中长期考虑在房地产市场上遏制投机、防抑泡沫，需要保障轨、市场轨“双轨统筹”前提下在市场轨上推出房地产税制度。第二，房地产税改革需要和1994年建立框架但还没有在省以下真正落实的分税制改革相联系。我们国家已非常明确提出加快财税改革，其中要构建地方税体系，房地产税就是应在地方培养的主力型税种之一，这也是全面配套改革必须包含的重要考虑。第三，房地产税改革事关收入分配问题。我国收入分配现状有种种突出矛盾，例如收入差距的扩大，还有分配过程中的不公，需要高度重视加以化解。这里面显然需要有优化收入再分配的经济杠杆的功能，房地产税就是这种杠杆之一。第四，房地产税内在的从社区、地方辖区“自下而上”地促进财税透明化、法治化、民主化的作用，是为中国实现“现代国家治理”和“走向共和”的现代社会所应长期培育和依靠的“正能量”和制度机制。

房地产税既然有这么多正面效应，那么它能在房地产运行中大家关心的房价问题上起到一个立刻使局面全面改观、房价应声而落的定海神针作用吗？不可能。两地还仅仅是柔性切入的试点，主观上就是有意避免出现大的社会震动；从中长期看，房地产市场的调整也客观上需要渐进、柔性地挤泡沫；从未来几十年中国城镇化水平还要一路走高到70%左右的高位才会转入低平发展状态来看，中心区包括住房的不动产价格总体上还将有较长时间表现为一条上扬曲线，没有任何主观力量能够改变这条曲线的基本模样。但如有了房产保有环节的税收调节，有利于防抑泡沫，使这条曲线的斜率不那么高，发展中走得比较平缓一些，并减少“大起大落”式的变动对社会生活的负面冲击。单一一个税种不可能是万能的，一定要在顶层规划之下考虑方方面面事项的合理组合；但是房地产税改革试点方面不再作为，又是万万不能的，这是一个很简单的道理：不能拿这一点不能解决全部问题，而回过头来否定这一点，很多点合在一起，才是一个顶层配套。

可以回顾一下我国房地产税改革试点已经做的铺垫：物业税模拟评税“空转”10余年前就已经启动了6个地方，后来扩大到10个地方，都是城市区域的物业税改革试点的铺垫。“空转”解决什么问题？就是有人说这个税这么复杂，在中国能不能做？虽然这方面的试点信息都还不对外披露，但是我们作为调研者可以说一下了解了基本套路。试点区域是在地方辖区内对所有不动产登记确权的基础上，来处理取得的具体数据，包括不动产的地段面积、楼层、朝向等等，记录在案后，按照三类输入计算机，计算机依指令依靠软件而自动输出三种评估结果，一种是制造业不动产，一种是商业不动产，另外一种就是住宅。这至少使在中国能不能做税基评估这个前提性判断有了清晰答案。

第二个问题：后来又走到了以房地产税为名推进改革试点，为什么这么做？

首先，如果要走物业税的路径，涉及比较复杂的决策和法律程序。在房地产税框架下推出试点的实施方案，由于国务院已取得全国人大授权，启动改革试点比较便捷。也就是说，两地试点具体操作并不违法，依据是20世纪80年代后期人大审批我国房产税条例的同时，授权国务院制定相关实施方案和具体细则，就是在这个框架下，国务院运用全国人大的授权，同意两地在房产税概念下加入新的制度因素开展改革试点。最重要的新的制度因素，第一是把一部分消费住房包括进来；第二是开始明确每年要征收的此税的征收数量依据是税基评估值。有些人主张应该由人大牵头设计好房地产税相关法律，审批通过后，照法执行。听起来这非常正确，注重依法治国、依法治税。但是在较早期特定约束下的实际情况是，激烈争议中的不同意见已经顶住了且互不相让，如果按照人大牵头讨论，形成一个大家都认可的法律文本，那可能会陷于旷日持久的停滞和改革上的无所作为。在有条件加快立法之前，最好应形成本土的房产保有环节征税的试点经验，于是应认为最重要的是初始“万事开头难”时，要运用邓小平所说的改革智慧，在大方向有一个判断后，要允许“大胆地试，大胆地闯”。顶层规划与先行先试结合互动，我认为这才是可行的正确的改革路径。

第三个问题：我们已有了这样的试点，今后怎么考虑它的发展进程？

2012 年度改革文件明确表述适时扩大房产税改革试点范围。接近年尾的时候，财政部时任部长谢旭人著文非常明确提出要把和房产税相关的所有税费整合，推进房产税改革试点。另外我们可以注意到，城乡建设部作为权威管理部门，它的领导层也在通过正式渠道发布的信息中，把房产税改革试点范围扩大作为改革必须考虑的内容。所以可认为，真正有意义的信息首先是锁定改革的方向，这是业界和社会各方面不能不考虑的基本信息。党的十八大之后更是应该考虑决策层强烈的改革信号，三中全会明确要求要加快立法并适时推进改革，所以在“看大势”角度上说，企业界朋友和各方人士一定要看清楚方向。领导层已反复强调改革是我们最大的红利，当然改革还要讲究在政治勇气、魄力之外的智慧与可行性。

第四个问题：如何更加智慧地把握推进房地产税呢？

如果要智慧地把握推进的要点，首先要考虑现实的制约。

第一，房地产税改革应在“加快立法”任务完成后进入一个新阶段，有较大可能是依法而推到较大的范围，当然也不排除有必要时允许进一步试验。

第二，房地产税改革在住房保有环节上应该是坚持只调节高端，这个要领非常重要。如果放弃这样的要领，房地产税改革在中国将无法顺利进行。一定要考虑社会大众、所有的利益相关者（包括先富起来的人）、中等收入阶层、公职人员、体制内人员对这个制度建设如何大体上认同。比如，可考虑对第一套房不征收，第二套房也可讨论是否税率从低。有人说第一套房多大？是60平方米、300平方米甚至800平方米？具体怎么掌握，可以再讨论。重庆“花园洋房”都被覆盖，但是划出了180平方米的起点，如果你这个别墅正好是180平方米，还是不用交税。这个经验值得重视。

第三，应该推动政府管理部门更开明地披露一些相关信息，比如已经做了这么多年的物业税模拟空转的试验。数据当然可以保密，但是这方面探索中已经取得的一些公众特别关心的相关信息，事实上完全没有必要保密。在走入一个现代社会的进程中，所谓保密规定，应该更加适应怎么样使公众积极参与公众事务民主化、科学化决策的需要。

最后，应该引导社会各界更多地做理性讨论。已经形成既得利益不同的群体是中国的现实，任何经济体里都有各种各样不同的既得利益集团。真正的问题不在于抹平和消除任何既得利益，而是使既得利益群体之间的博弈理性化，走通“共和”之路。

房地产税争论的焦点在哪里?

2011年1月27日,中国上海和重庆两直辖市宣布于次日开始试点房产税改革,这是保有环节房地产税在中国迈出的第一步。其后方方面面争议不断,媒体热议此起彼伏,各界人士牵肠挂肚,矛盾信息频繁流转。比较而言,可以说改革以来我国还未曾有哪个税种,其改革措施的出台如房地产税这般随"拍砖"而行,步履维艰。

各种声音中,不乏对我国不动产保有环节税制建设的冷静思考,但更多的感情宣泄和意愿表达,却具有两大问题:第一,在"民粹主义"情愫的影响下,不少人还很难理智地从宏观、长期两大角度来深入思考税收与税制改革的问题,潮起潮落般冲击人心的是现阶段社会中浮躁的思想观念和快餐式的"叫骂围观"与刺激;第二,把房地产税简单看作一种"舶来品"而与西方模式挂钩,偏激地得出中国在国有土地上对住房征收房地产税存在法理上硬障碍的判断。我们试在这里汇集各方争论核心观点的同时，理性讨论，去伪存真，还原开征房地产税的主要宗旨与基本逻辑。

1. 争论焦点之一：房地产税的法理依据是什么？怎样看待“重复征收”和“土地非私有”问题？

所谓房地产税的法理依据之争，主要聚焦在两个问题：一是土地出让金问题；二是土地终极所有权问题。

观点之争：贾康 VS 任志强

2012 年 3 月，任志强在新浪微博对房地产税“开炮”，认为开发商在通过招拍挂拿地时，就已经交了土地出让金，相当于“地租”，而房地产税也是地租的一种形式，如果业主再交房地产税的话，就相当于政府收取了两次地租。

贾康对此进行回应表示：“税收是依法的，但关键要看重复得合理不合理，至于税、租和其他的费如何搭配，要寻求方案的优化，而不是否定某一个项目。”

土地出让金问题。有观点认为，取得住房时，下面的地皮已经在开发环节收取了70年使用权的出让金，到保有环节如果再每年征税，就是不能容忍的重复征收。但其实在现代经济生活中，税制本身就有重复因素：中国目前实际开征的税有18种，其他国家可以有二十几种、三十几种，中国和其他这些国家都是多种税、多环节、多次征，这被称为“复合税制”。比如企业在流转环节交税后，对所得进行核算，还要交企业所得税，其后发给员工的工薪收入，还要再交个人所得税，特殊的还有车船税、各种行为税等。复合税制是各个经济体几百年来税收实践中反复整合、适应客观规律而形成的基本框架，反映的主要是税制既要为政府履行职能筹集必要收入，又要发挥对经济、社会生活的种种调节职能，不同的税种需各有侧重，各自设计，形成一个带有“复合”特征的税制体系。而客观地说，这种复合税制本身就包含重复征收因素，所以这里的“真问题”不是允许不允许重复征收的问题，而是重复得是否合理的问题。

何况实际上土地出让金不是税而是租金。国家政权体系作为土地终极所有权的代表者，凭借所有权可以对拿到土地使用权的使用者收取地租。但国家政权体系同时也是社会管理者，它又可以凭借政治权力，经过立法批准，对不动产的实际使用者征缴这种体现为利益调节与让渡的税收。租和税可以合理匹配，并不互相排斥地二者只能择其一，一国制度设计应该使它们并行不悖地适应整个调控体系的优化。其他国家的实践经验也早已验证了这一点。

小知识：土地出让金演变史

我国向城镇国有土地使用者征费的制度始于20世纪80年代。当时的土地使用费作为地方税的一个变种，主要用于地方城镇建设和维护，中央并未从中提取一部分。

1989年5月，国务院出台《关于加强国有土地使用权有偿出让收入管理的通知》，规定凡进行国有土地使用权有偿出让的地区，其出让收入必须上缴财政，其中40%上缴中央财政，60%留归地方财政。两者都主要用于城市建设和土地开发，专款专用。

两个月后，中央提取的比例降至32%。财政部公布《国有土地使用权有偿出让收入管理暂行实施办法》规定，土地使用权出让收入全部上缴财政，其中先由取得收入的城市财政部门，留下20%作为城市土地开发建设费用，其余部分40%上缴中央财政，60%留归城市财政部门，“实行收支两条线方式管理”。

1992年，财政部出台《关于国有土地使用权有偿使用收入征收管理的暂行办法》，第一次将出让土地使用权所得称为“土地出让金”，并将上缴中央财政部分的比例，下调为5%。1994年实行分税制后，土地出让金作为地方财政的固定收入全部划归地方所有，并在此后逐渐成为地方政府的“第二财政”。

1995年1月1日起施行的《城市房地产管理法》

第十八条规定："土地使用权出让金应当全部上缴财政，列入预算，用于城市基础设施建设和土地开发。"

1995年发布的《关于加强土地使用权出让金征收管理的通知》规定："根据国务院和财政部的有关规定，土地出让金应全部上缴财政，由财政列入预算，专款专用，专项用于城市基础设施建设和土地开发。"

财政部1996年1月21日发布执行的《国有土地使用权出让金财政财务管理和会计核算暂行办法》第三条第一款规定："土地出让金包括：各级政府土地管理部门将土地使用权出让给土地使用者，按规定向受让人收取的土地出让的全部价款(指土地出让的交易总额)。"

近年财政部门已将地方土地出让金收入列入预算体系中的"基金预算"加强管理。

土地终极所有权问题。土地终极所有权问题很值得关注和理性分析探讨。有许多人，包括颇有影响的人士反复强调，其他开征住房保有环节税收的国家是土地私有制，而中国是公有制，一切城镇建成区的地皮都是国有的，在国有土地上对使用者征税在法理上有硬障碍。但其实这个论点不能成立。理由是：

第一，国外这些市场经济体并不全是土地私有制。以老牌工业国英国为例，英国有很多形式的公有土地，包括中央政府层级的公有、地方政府层级的公有以及公共团体的公有，也由规范的交易形成地皮的使用权。英国有的地皮长达999年的使用权，实际上已经对终极所有权形成了虚化。但从法律的角度看，英国的土地公有和私有界定很清晰，并非土地私有制一统天下。房地产税在英国叫council tax，它是在地方层面房屋保有环节的税收，类似于美国的财产税或不动产税。英国土地所有权总体上可分为两种，一种叫作free hold，一种叫作lease hold。Free hold就是有所谓终极所有权，lease hold就是必须签一个最长为999年使用期的租用协议取得使用权，但保有环节的税收对于这两种情形是全覆盖的。所以，仅此就可以说清，国际经验无法证明只有土地私有才可以征收不动产税。我国香港特别行政区的情况也印证了这一点：香港的土地并不私有，但开征对不动产的“差饷”这种保有环节税收，包括对住房。

另外，中国人可以回顾自身的改革历史。为什么我国在20世纪80年代要下决心对国有企业开征所得税？如果按照国有制就不必征税的逻辑，中国就不该对国有企业征收被称为直接税的所得税。当时的解释是：虽然企业最终产权是国家的，但是作为市场主体的国有（当时称为“国营”）企业，是具有相对独立物质利益的商品生产经营者，国有企业应该和其他的市场主体一样在市场中公平竞争，否则“社会主义有计划商品经济”建设就缺乏最基本的微观基础，所以必须解决国有企业和其他企业一样给国家上交所得税这一制度建设问题。这种情况下，两步利改税改革也就应运而生。同样，在我国城镇土地终极产权是国有的情况下，它上面每一个不动产的具体使用权的保有者，有自己相对独立的物质利益，如果通过立法确认对这样独立的物质利益需要加以税收调节的话，国家完全可以凭借自己的政治权力征税调节这种物质利益的状态与格局。所以，应当认为土地终极所有权问题也不构成开征土地保有环节税收的法理障碍。

2. 争论焦点之二：房地产税的受益和受损群体是谁？

观点之争：叶檀 VS 郎咸平

著名财经评论人叶檀：住宅地产的房地产税能够抑制房价的效果立竿见影；将成为“十二五”期间地方政府最重要的收入来源，是税费整体改革中的突破口；可以推动公共财政的制度改革，甚至可以改变分税制后遗症，让各级政府财政取得均衡，让投资者与普通工薪阶层的财富略微趋向于均衡。

经济学家郎咸平：房地产税能打击到的，就是那部分长期持有房产的购房者。房地产税唯一打击不了的，就是政府想打击的人。

要了解房地产税的受益和受损群体，首先要看看房地产产业链条有哪些利益相关方，房地产税将如何影响利益配置。房地产领域内总体的矛盾可以从供需关系上来理解。最前面的制约因素是自然垄断的地皮。有人说就是由于地方政府形成了对土地的垄断，抬高地价进而提高房价。这种认识其实是不成立的。设想如果不是地方政府拥有土地所有权，不是由政府代表国家所有的终极所有权来实施土地批租的管理，让任何别的主体，包括私人等管理，也一定是垄断的。最典型的垄断案例是日本成田机场，半个多世纪了，几个钉子户造成第二条跑道仍然建不起来，他们那里的地价高不高？高得无法想象，政府用了五六十年时间仍然没有办法把这块地买下来，不是“天价”，是“无价”了——所以这个问题是一个伪命题，问题的实质是面对土地的自然垄断，如何在合理规划之下，怎样形成适应各社会阶层总体、长远、根本利益的有效供给。最基本的问题首先是在引导需求方面，但最重要的关键点是促使供需动态平衡的制度安排问题，即有限供给制约下的需求运行机制如何合理化。地方政府如果真的把地价压低，而后开发商在市场上并不会必然将房价压低，因为供不应求情况下，这样的房子本可以卖出很高的价位，那么哪个开发商会按低价卖房？他肯定随行就市，要卖个好价钱，地方政府压地价的行为等于就是增加他的暴利空间。个别开发商“学雷锋”式的低价行为如果是真的，也是极其罕见、不可持续的。如果开发商以很高的价格拿地，但是供需双方情况比较平衡，出卖建成的住房时达不到开发商所期望的高房价，那么这种高价拿地的高价，只能烂在他自己手上。这个道理应该说清楚。

导读链接：成田机场的建设和扩张引发了大规模日本政府与民间冲突

1978年修建的成田国际机场，早在1962年政府方面就已经决定。但是因为选址问题、当地农民反对无法顺利拿地等问题而一直没有修建。1967年6月17日，在千叶县成田市三里冢、芝山地区修建机场的方案被提出来，7月4日被佐藤荣作内阁批准，但是这个决定遭到了当地农民的强烈反对，并且结成同盟，组成青年行动队、少年行动队、老人行动队、妇女行动队等许多抗议团体，阻止机场的建设，全国各地也有许多学生支援。

鉴于民众的不配合与抗议，日本政府使用各种办法压制他们的抗议行动。最为严重的一次是在1971年9月16—20日，日本政府实施第二次强制执行，反对者包括各地赶来的支援者超过5 000人，而千叶县出动5 300名警察。双方冲突造成3名警察死亡，475名反对者被捕，150多人受伤，这次事件被称为“东峰十字路事件”。事件发生后，反对者东三之宫文男以自杀表示抗议。

当地农民对成田机场修建的不断抗议虽然没有让政府放弃修建机场的计划，但是政府也没有能够按照原计划进行修建。（原计划占地面积 1 060 公顷，3 条跑道，而最后只修建了 1 条 4 000 米的跑道。）农民与政府之间的冲突直到 1991 年隅谷调查团的介入才逐渐平息。但“钉子户”的问题至今仍未彻底解决。

现在再进一步分析住房的需求、供给及房地产税的效应。

需求的第一种类型就是买了房以后自住。有房地产税后，人们大多会考虑实惠而转而购买小一些的户型，这种中小户型需求的上升，正好符合科学发展观的要求——集约利用土地，缓解地皮这种最稀缺资源所产生的制约与矛盾。财税制度建设的正面效应，首先在这方面可以有很好的体现。

第二种需求类型是囤房，认为存钱不如存房子，房子在我手上，我买的就是我的“商业化的社会保障”，就是养老保障，这是有一定道理的。但是在这个模式之下，如果有了保有环节的税，房主就会考虑，既然房子是空着的，那么可以租出去对冲税负压力，这样整个社会在没有增加一分钱实际投入的情况下，会一下子提供出来很多原来空置的不动产资源，这显然提高了不动产资源配置效率，也显然使租房市场供给增加，供需的矛盾得到了缓解。这种正面效应在空置率较高的地区将是非常明显的。

第三种需求类型是转手赚差价，我们称之为炒房。其实学理分析上不认为可以十分明确地划分“投资”和“投机”的界限，所以合到一类。只要在保有环节建立不动产税即房地产税，虽然不能说可以使中国的炒房行为一下子消失，但肯定会使之有所收敛。有人说炒楼可以赚很多钱，不在乎这一年不到1%或再稍高一些的税，这句话是有一定道理的——但是征税改变的首先是整个氛围和所有利益相关者的预期，同时炒房者自己也会掂量这时选择炒什么房，会更多地改炒中小户型了，因为接盘买家很可能需要的是中小户型来自住的。另外，如果担心中小户型出手不顺利，持有成本都要炒房者自己承担，那么炒房者就要收敛一点。比如，原来炒20套现在改炒十套八套了；原来炒十套八套，现在改炒五套三套了。还要注意，这时候租房市场将活跃起来，很多空置房将进入租房市场，另外政府廉租房、公租房（2014年后明确并轨为公租房）的大量建设，将涌现出来大量低端的有效供给，“收入夹心层”也不必再不顾一切地以当“房奴”的悲壮心情去争抢低端商品房了，那么炒房者敢像原来那样肆无忌惮地炒吗？他一定要收敛一些。这又是房地产税的正面效应，既可以减少原来的疯炒的力量，抑制我们市场上的住房价格过快上涨，也使大起大落这种现象的风险随之下降，整个房地产市场就会显得更平稳，更少泡沫。

从供给方来看，房地产开发商并不注定是一批特别邪恶、心术极其不正、就是要以超高价格盘剥百姓之人，他们总体上与其他商人、企业家、市场主体一样，也是“在商言商”，要以房地产开发的投资取得回报，拿地后尽量提供适应市场需要的产品。当房地产税促成上面我们分析的三类需求变化的情况下，开发商一定会调整自己的生产经营方略，多提供些中小户型，多提防些租房市场的替代效应和充分考虑炒房降温的风险。顺应市场的结果，就是供给方也会有适应性调整，总体的房地产市场“地王”冲劲弱化，房价趋于更沉稳一些。

从未来几十年的时间段来看，我们的城市化率将从目前的40%多一路上升到70%—80%区间，我们不能简单认为房产税可以改变这一进程中房价的上扬曲线，但是有了这个制度因素之后，上扬曲线会变得比较平缓，特别是在演变过程当中，大起大落的波动会减少。

这样一来，受益的当然首先是老百姓，特别是原来对买房最为焦虑的中低收入阶层，同时房地产市场这个支柱性的领域更健康了，对所有的人都有“环境、前景”意义上的好处，是公众概念下各个利益集团的“共赢”。

当然，也有局部、短期的受损者，包括一些炒房者，一些拿惯了高投资回报的开发商，等等。在一个公平竞争的市场中，这种受损总体上应是肯定，因为这是走向健康、可持续状态的表现。

另外一个正面效应就是我们社会迫切需要的收入再分配效应，虽然这也会使一些社会成员的局部、短期利益受损。住房保有环节的税能使住大房、住好房、有多套房的人对国库多做一些贡献，国库增加这部分收入后，转过去扶助低收入阶层，这种按照承受能力抽肥补瘦的原则与机制，是市场经济都不约而同承认与施行的。所以这样的局部短期受损，不会造成相关税负承担者“伤筋动骨”的痛苦，相反还以税收收入的替代效应减少了一些消费大众中的中低收入阶层的“税收痛苦”。这就使整个社会更和谐、安定，更有利于使先富阶层、成功人士安享他们的“成功”，归根结底也符合包括他们在内的全体公众的根本、长远利益。

表 6–1 1997—2012 年我国商品房供求状况

年 份	商品房竣工面积（万平方米）	商品房销售面积（万平方米）	求 / 供
1997	15 820	9 010	0.57
1998	17 567	12 185	0.69
1999	21 411	14 556	0.68
2000	25 105	18 637	0.74
2001	29 867	22 412	0.75
2002	34 976	26 808	0.77
2003	41 464	33 718	0.81
2004	42 465	38 232	0.90
2005	53 417	55 486	1.04
2006	55 831	61 857	1.11
2007	60 607	77 355	1.28

年　份	商品房竣工面积（万平方米）	商品房销售面积（万平方米）	求 / 供
2008	66 545	65 970	0.99
2009	72 677	94 755	1.30
2010	78 744	104 765	1.33
2011	92 620	109 367	1.18
2012	99 425	111 304	1.12
2013	101 435	130 551	1.29

资料来源：国家统计局网站

3. 争论焦点之三：房地产税与房地产健康发展有什么关系？

总体来说，我国一线城市和一大批中心城市的不动产价格在城镇化率不断上升的进程中一路走高。长期内的上升曲线不会改变，这是经济发展史和城镇化的国际经验可证明的大势所趋。今后几十年中国的城市化率要从现在的40%多一路上升到70%—80%的区间，这个过程中间，中心区域不动产资源是最稀缺的：大家都要争夺的，包括外国人要一起来分享的，就是一线城市、大城市、中心区、黄金地段的不动产，在这种情况下，怎么能够想象房价能够全面、深度地一路回调呢？要等到城市化率在接近70%—80%这个区间和大体稳定下来以后，有可能出现像日本那样的不动产价格的大幅回调，那时政府要特别注重防止这种回调的杀伤力。但如果我们自己在主观方面犯了严重错误，就要另当别论。

现在应积极稳妥地在前期泡沫化程度高的部分城市和地段，以经济运行可承受的柔性方式挤泡沫，但要谈如何使不动产价格明显地全面大幅度回调却并不合适，也是不应去顶着客观规律硬做的。2014 年之后，许多城市房价的企稳与回落，已表明了我国房地产市场在前期一路上涨之后，迎来了自身的调整与分化，借此正好使相关政策作出适应性调整并更有力度地推进制度建设。为使房地产市场长期健康发展，在给地方税体系打造支柱税源和对配套改革做贡献的同时，房地产税改革会提供一个使之少泡沫、可持续性提升的制度建设配套，因为它可以凭借经济手段减少空置率，增加中小户型的比重和遏制肆无忌惮地疯炒，促使房价趋向沉稳，房产供给结构也得到一定优化。

4. 争论焦点之四：楼市调整、房地产税与房价有什么关系？

在多种因素作用下，2014 年以来国内主要城市房价指标降温，楼市正在步入调整期。一时间众说纷纭，有不少人在大谈中国楼市中的“拐点”和房价的“大跳水”“崩盘式”全面回落。但这种认识似乎过于极端化和过于悲观。有必要区分市场分化（有升有降）和大势拐点（长期曲线掉头向下）的不同，以及房价的阶段性回调盘整与全面崩盘的不同。我们认为2014年的情况都是属于前者。

观点之争：房地产大佬们谈房价　演绎另类双簧

房地产业无疑成了老百姓最关注的行业，房价的一涨一跌，都牵动着千千万万中国人的心。而作为房地产业的缔造者——王石、任志强、潘石屹等房地产商们，也成了“公众人物”，他们或是勇攀珠峰，或是甘为公知，或是争做环保大使。

在功成名就之后，这些房地产“大佬”们都自得其乐。羡慕也好，嫉妒也罢，老百姓们真正关心的是，房价未来是涨是跌？然而，这些房地产“大佬”的言论却各说各话，让人摸不着头脑，言论背后，或许只有利益才是其真正的驱动力。

任志强：房价永恒上涨论

面对上千万的微博粉丝，“任大炮”不断在微博上宣扬他的“房价必涨”论，而这也使得他不断被推向舆论的风口浪尖。

在联想地产经理周建看来，任志强身上只有一个标签永远不会脱落，那就是“房价永恒上涨论”，他反反复复证明房价上涨的合理性、逻辑性、必然性、趋势性和“无泡沫性”。

而在王石看来，任志强只是“政府说什么，他就反对什么”。因此，在政府不断出台政策调控房价时，任志强仍坚称“房价必涨”。

任志强认为，房价只会在土地变为私有化后下跌：“土地私有化房价一定是跌的。因为小产权和大产权之间的差别太大了。我们有一个土地财政的断崖，在短期之内是无法弥合的。我们第一部宪法土地是私有，第二部、第三部宪法土地仍然是私有的，只有在第四部宪法中，才把土地改为公有。”

因此，他说：“如果只把眼睛盯在房价本身上就错了，任何一个城市的政府决不允许开发商盖一个比原来更破的房子，怎么能让房价比原来的房价更低呢？”他认为，房价上涨是必然。

王石：地产商应跟着政策走

与任志强的“政府说什么就反对什么”不同的是，王石一向认为房地产是政策性行业，地产商应该和政策保持一致。因此，王石的言论也是与政策“一唱一和”。

日前，在出席第二届城市土地学会亚太地区峰会时，王石称“中国房地产泡沫令人担忧，不过一线城市房价不可能下跌”。

在王石看来，中国市场非常大，需要分地区来分析，不能一概而论。中国楼市还蕴藏着巨大的需求量，“月光盘”“周光盘”乃至“日光盘”并不罕见。他表示，教育、医疗、基础设施主要集中在中心城市，这在中西部地区尤为明显，所以若在中西部地区投资房地产市场，省会城市可能是唯一选择。

不过，王石认为房地产泡沫导致崩盘论完全是“危言耸听”。同时，他力挺近年来中央对房地产的调控，认为“非常有必要”“非常有效”。“因为存在泡沫，所以必须控制。如果不控制最后泡沫破裂的话，影响的不仅仅是房地产市场，而是国民经济的健康发展。”

潘石屹：应该不太可能大涨了吧？

有评论曾认为：“潘石屹不是最有钱的，他的公司也不是规模最大的，但他和他的SOHO中国绝对是最吸引眼球的。”在中国房地产界，潘石屹无疑是个另类。他一次次处于是非的旋涡，一次次不按常理出牌，因此为世人瞩目。

与任志强一样，“小潘”也是微博上的红人。他与“任大炮”经常在微博上嬉笑调侃也不乏被人怒骂，引得众人围观。但对于绝大多数人来说，作为一个商人的潘石屹面目十分模糊。因此，他的言论也时常有些模棱两可。

在最近接受媒体采访时，潘石屹对未来房价的预测是“应该是没有大幅上涨的可能性”。他说：“最近两三年，从实施限购政策以来，房地产价格已经不是市场化的价格，而是政府批的什么价格，就是建委房管部门给你批的价格。现在我们谈的房价和市场意义上的房价是两回事。如果我们完全实行市场化的办法，让房价和房地产市场扭曲得到恢复以后，房价应该是什么样的？我觉得应该是没有大幅上涨的可能性，因为住房供应量已经够了。”

资料来源：http://fs.house.sina.com.cn/news/2013-07-15/09003327820.shtml

从中国中长期发展看，最基本的认识框架应是：中国的城镇化目前实际上刚完成不到40%（官方公布的53%左右的城镇化率是把所有在城镇居住半年以上的人都算作完成了城镇化过程，是有明显高估的），而国际经验表明，要到70%左右的高位才会转入一个低平发展的新阶段。总体而言，中国城镇化正处于方兴未艾的发展过程中，在今后几十年城镇化水平的高速提增期里，还会有几亿人要进城居住，并伴随我国社会总体上从“中等收入阶段”向“高收入阶段”的演变，这决定了我国城市中心区域房价长期性的上涨趋势，即城镇建成区房价在相当长时期内总体上还会表现为一条上扬曲线的大模样。如果前期已由于种种原因形成一些泡沫因素，在市场出现分化的情况下正有利于使之现形和加以消化，但尚无可信理由认定中国楼市已进入断崖式“大跳水”和“崩盘”过程。正常的市场是要允许价格波动的，应该体现出一定的市场风险。而我国楼市前些年的表现似乎是个单边市，结果大家实际上谁也不觉得有风险，很多力量都肆无忌惮地在里面炒作，而现在出现市场分化，正好是一个矫正的契机。

市场分化后可以使一些要买房的老百姓得到价格低平的实惠。但不应当因为现在一些具体的价格下调案例，就简单预期房价会普遍“大跳水”，甚至出现断崖式全面“崩盘”局面，这反而会使相当多的购房者“买涨不买落”而犹豫不安，甚至误导他们再次“踏空”而失去购房良机。要看到，有些地方的房价仍然坚挺，并且还有涨价的案例。全国全面城市统计下来，不少地方还是同比在走高的。当然，从成交量等指标看，再往后一段时间，有降价表现的城市很可能会更多些，直至完成本轮市场调整的“筑底”。但需要强调，统计上公布的价格是均价，光看均价是不能说明太多问题的，在“有升有降”的具体场景即“市场分化”环境出现后，对于交易双方来说，最重要、最关键的是具体分析每个交易对象的具体情况。如果说楼市现在已进入一个波动的、分化的阶段，正好是一次改变和结束以往“单边市”的全民教育——今后对房屋交易价格需要分线、分市、分段、分类、分型：

所谓分线，就是一二三四线城市的房价可能会有明显区别。分线之后还要分市，同一线上的不同城市也可能有明显区别。接着还得分段，即同一个城市里不同地段的房价也可能大相径庭。比如北京，有人说已出现了下调案例，问问具体情况，五环之内还相当稳定，主要是在大兴、通州等地段有个别案例，这就体现了地段的不同。再往下还得分类，比如是学区房还是非学区房，与地铁站是什么关联状态，等等。再往下还得分型，什么样的户型、朝向、楼层、具体特点，都可能会导致价格不同。有了市场分化以后，所有和不动产发生关联的社会成员要一起学习，形成对市场的基本认识，并顺应市场要求去防范风险，优化自己的具体决策。2014 年应是一个很好的促进我国住房市场健康化的契机，政府也可酌情淡化和收敛行政性“限购”权宜手段。

经过多年实践，我国政府的决策层对于房地产领域显然已经有新的优化调控思路。一方面以建设 3 600 万套保障房为代表的基本保障房建设，正在三令五申中推进，有效供给在未来几年内就要到位（每年都要求几百万套开工、几百万套竣工），这样一来，低收入阶层、收入夹心层人群“住有所居”的需求将会获得有效供给而托举起来。另一方面在商品房领域，不再屡屡表态、频频出手，而是给出市场自身调整空间。市场通常应该在小幅正常波动中优化配置健康发展，我们现在越来越可望去接近这个境界了。应当强调，在市场出现分化后，地方政府应该趁机把原来不得已而为之的限购等“权宜之计”行政手段和措施淡出、收敛，让不符合市场规律的调控办法退出历史舞台。当然，这是一个需因地制宜渐进掌握的过程。目前所有的迹象合在一起，对市场分化总体上应该给予正面评价。其后的中长期制度建设如跟上了，应能有效防止有人担心的超出正常幅度的强烈大幅反弹。

既然政府已清晰地把重点放在更努力地把保障房托底做到位，保障房的有效供给如果在几年之内跟上来，就可以让商品房、产权房轨道上的市场机制更好地发挥作用。那么，现在就更没有必要特别强调在商品房、产权房这个概念上才有意义的“房价调控”。调控不是说可以不存在，而是说我们现在不必刻意针对房价去强调“调控”这两个字。从长计议，真正有意义的事是：一方面由各地相机抉择淡化行政限购措施——这不是所谓的政府“救市”“挺市”，而是政府回归市场轨上应秉持的调控理性；另一方面积极贯彻三中全会精神加快房地产税立法，并适时推进改革。不宜简单化地认为房地产税一出台就能抑制房价，实际上，房地产税本身难以改变中国未来几十年中心城市房价上扬曲线的大模样，但在发挥其他功能的同时，确实有利于减少一些房市泡沫，也有利于降低住房空置率，这个税应是促使房地产市场健康发展的重要制度要素之一。

解决好楼市和房价问题，根本性思路与策略应是政府和市场各司其职。我国目前在宏观调控层面应说正在实行“双轨统筹”框架，一个是保障轨，一个是市场轨。也就是说，商品房的房价高与低，与使低端群体解决“住有所居”问题没有直接关系。政府要做的是首先要托住“廉租房”与“公租房”合二为一这个底；其次要积极发展更高一层的“共有产权房”，使刚刚毕业进入社会的年轻白领等没有实力购买完全产权房的群体，不用再去当“房奴”；第三是在有相应房源的地方辖区内，适时把“补砖头（出资支持新建保障房）”转为“补人头（政府采购式供应公租房，补贴直接支付给特定保障对象的房东）”，提高绩效水平。在这个基础上，对于一般性的商品住宅，政府只需要管土地合理规划、管市场公平竞争规则和管依法收税就可以了，其余的事情可以交给市场去解决。

双轨统筹调控框架现在已前所未有地明确，政府部门正更为聚精会神地把几千万套保障房做实、做好，而且保障房概念下已更清晰地把廉租和公租两个概念并轨，这都是值得称道的进步。但令人遗憾的是，前些年在高举“调控”大旗阶段本应抓住不放的长效制度机制建设，特别是我国改革中的“攻坚克难”事项——房地产税改革，至今的进展很不理想。三中全会之后，这一改革的方向、思路更清晰了，力求“既不越位，又不缺位”的政府，理应抓住制度建设不放而有所作为。

总之，党的十八届三中全会之后，在推进全面改革和顺应资源配置中使市场发挥决定性作用的视角下，加快房地产税立法，以经济手段置换行政“调控”，力求提高房地产市场的健康度，应是楼市分化之后政府和各方互动中抓住契机、顺应客观规律的重要抉择。

表 6–2　1997—2012 年商品房平均销售价格

年　份	商品房平均销售价格（元 / 平方米）	增幅（%）
1998	2 063	3.3
1999	2 053	–0.5
2000	2 112	2.9
2001	2 170	2.7
2002	2 250	3.6
2003	2 359	4.8
2004	2 778	17.8
2005	3 168	14
2006	3 367	6.3
2007	3 864	14.8
2008	3 800	–1.7
2009	4 681	23.2
2010	5 032	7.5
2011	5 357	6.5
2012	5 791	8.1

表 6–3　2005—2010 年全国房屋销售价格指数（同比）

时　间	房屋销售价格指数	新建住宅价格指数	二手住宅价格指数
2005 年	107.6	108.4	108.4

时　间	房屋销售价格指数	新建住宅价格指数	二手住宅价格指数
2006 年	105.5	106.4	105.2
2007 年	107.6	108.2	107.4
2008 年	106.5	107.1	106.2
2009 年 1 月	99.1	98.6	99.7
2009 年 6 月	100.2	99.4	102.2
2009 年 12 月	107.8	109.1	106.8
2010 年 1 月	109.5	111.3	108
2010 年 6 月	111.4	114.1	107.7
2010 年 12 月	106.4	107.6	105.0

资料来源：国家统计局官方网站

5. 争论焦点之五：房地产税与“土地财政”和分税制改革是什么关系？

“土地财政”，通常是指一些地方政府依靠与辖区土地有关的收入来维持地方财政支出。中国的“土地财政”，主要是指依靠土地批租，即通俗所说通过卖地的土地出让金来满足财政需求。其实说得全面一些，“土地财政”从收入来源看，主要包含两大类：一是与土地有关的税收，如房地产税、土地使用税、耕地占用税、房地产和建筑业的营业税、土地增值税、印花税和契税等等；二是与土地有关的政府非税收入，如土地租金、土地出让金、新增建设用地有偿使用费、耕地开垦费、新菜地建设基金等等。这些年，为人们所诟病的“土地财政”，主要是针对我国地方政府太看重土地出让金的现象而言，据统计，出让金占地方预算收入的比重已达百分之四五十，少数地方甚至超过预算其他部分的收入。同时，这方面收入的分布又是极不均衡的：以东部沿海地区为主（约占 2/3 以上），沿海地区又以部分大城市为主。

近 20 年来，随着中国房地产业的兴起和发展，中国城市建设、地方政府资金、市民生活质量、城市周边农村经济发展等方面，获得了快速提升和极大改善。这其中的直接贡献便包括“土地财政”。应该说，“土地财政”成为地方政府新的和重要的财政收入来源，为城市社会经济发展发挥了积极作用。但与此同时，一些地方政府出于经济增长和财政收入的双重考量和追求，也不同程度地出现“卖地冲动”，其财政支出过度依赖于“土地财政”，甚至是将土地出让收入作为地方债务偿还的主要渠道，即当前被人们批评的“土地财政依赖症”。

所以，其实“土地财政”本身是个中性词汇（各国地方财政大都有“靠山吃山，靠水吃水”的“土地财政”特征），只是中国目前地方政府对于土地出让金的过度依赖赋予了“土地财政”这个词以“贬义”。我国地方政府“土地财政”的主要偏颇是在这里：地方政府领导人只关注一次性把地价拿足，以尽可能解决任期之内出政绩的资金需要，从而产生较严重的短期行为——一块地皮批租后，40—70 年内对后边历届政府不会再产生一分钱的现金流，但这与当期无关。然而，如果有保有环节的税收，可以年复一年提供现金流，又有了其他阳光融资举借地方债的条件，各方参与者的预期就都改变了，就不会动不动把土地批租冲到天价上去。所以问题的实质，仍然是有效制度供给与激励—约束机制不足。这样可知，我们的地方税体系需要从不成型向成型转变以优化相关制度安排，当然这又和我们现在讨论的房地产税有密切的关系。

应当说明，现实生活里面的不少事情使人们有种种不满，如基层财政困难和“土地财政”特征明显等，但是把板子打在分税制上面，是打错了地方。实际上，我国 1994 年实行与市场经济配套的财政分税制改革以后，省以下财政体制迟迟未能进入分税制状态，还是五花八门、复杂易变、讨价还价色彩非常浓重的分成制或包干制。现在人们所抨击的地方“土地财政”、短期行为、政府职能扭曲等等问题，实际上都是分成制、包干制所带来的，它们会产生很多弊病，这个我们过去就知道。所以正确的大方向不是抨击、抛弃分税制，而是对症下药创造条件，促使分税制在省以下落实。

表 6-4　1992—2013 年我国土地出让金收入情况

（单位：亿元）

年　份	土地出让金	同期财政收入
1992—2003	10 000	/
2001—2003	9 100	/

年　份	土地出让金	同期财政收入
2004	5 894	26 396
2005	5 505	31 649
2006	7 677	38 760
2007	13 000	51 321
2008	9 600	61 330
2009	15 900	68 518
2010	29 397	83 101
2011	31 140	103 874
2012	28 517	117 253
2013	41 250	129 142

资料来源：“土地出让金”数据来自国土资源部官方网站；“同期财政收入”数据来自国家统计局官方网站

房地产税将逐渐成为分税制下地方税体系中一个主力的、支柱型的财源。分税制是“分税制为基础的分级财政”的简称，这种财政体制的特征是各级政府依法分别掌握一些税种形成收入（不排除有共享税），进而各级安排支出。实行分税制是建设市场经济体制的客观要求。借鉴美国等市场经济国家的经验，房地产税这个税种应该由地方政府掌握，并可在工商业发达到一定程度的区域培育成为地方政府的一个主体税种、主力财源，也就是说，特别可以成为我国东中部地区和西部若干中心城市的主要税源。所谓“地方”，在中国的概念里面，从省开始都叫地方，至少是省、地（市）、县、乡镇四级。我们提出的建议是要考虑通过“乡财县管”“省管县”等改革试验，首先在财政方面从五个层级缩减到三个层级，变成中央、省和市县(平级）三个层级。在这三个层级的税种配置中，可以把房地产税主要配置在市、县的层级上。因为这个税种从它的固有性质来看，首先是一种流动性几乎没有、稳定性很强的税收收入来源，征税的对象就是不动产。第二个特点是在管理上来说适合由地方政府的低端来掌握，因为面对千差万别的房地产，低端政府可以把“信息不对称”问题控制在最低限度内，发挥自己管理上的相对优势。第三，它是在地方政府职能上正好与市场经济要求相贯通的一个税种。如果地方政府把它作为一个主要收入来源，就要尽心尽力、有条不紊地做市场经济客观要求他做好的事，优化本地的投资环境，提升本地公共服务的水平，进而就会在“长期行为”和“职能合理化”框架下使辖区内的不动产升值，地方政府的税源也就随之扩大。这在学理上说，叫作地方政府财权与事权、收入来源与职能合理化的顺应或“内洽”。

届时地方还会有土地批租收入，并且土地批租还一定要坚持和市场机制兼容的以公开招标为代表的竞争机制（必须注意合理设计招标办法)，但那个时候，“招拍挂”形成的地价也就不会一味疯涨，因为各相关方的兴奋点不会像现在这样，是把地价一个劲地推高。在没有像样的地方税体系，又没有阳光融资制度的情况下，地方政府自然而然地非常看重土地“招拍挂”。而到了那时，即使想把土地“招拍挂”的价格推得很高，也力不能及。为什么呢？其他的制约因素一起出现，所有的利益相关者都意识到，保有环节年年都有税收所形成的经济制约，在这种情况下，需求与供给双方的行为模式都必然改变，就不会像现在这样有一种肆无忌惮的炒作力量十分活跃，就不会动辄推出一个“地王”。

实际上，如果我们以后把房地产税这一制度建立起来，在某种意义上也可以被认为是一种“土地财政”。和市场经济国家类似，地方政府也是“靠山吃山，靠水吃水”。土地上形成的不动产，保有环节形成的税收，这一机制与地方政府优化本地公共服务、提升本地投资环境是吻合的。这种不带贬义的“土地财政”，将是今后我们深化分税制改革和推进房地产税改革所伴随的一个大方向。

表 6–5　房地产税收收入占税收收入总额和地方财政收入比重

（单位：亿元）

年份	房产税 1	城镇土地使用税 2	房地产税收合计 3	税收总收入 4	占税收总收入（%）5=3/4	地方财政收入 6	占地方财政收入（%）7=3/6
1994	64.51	34.55	99.06	5 126.88	1.93	2 311.60	4.29
1995	87.65	35.85	123.50	6 038.04	2.05	2 958.58	4.17
1996	102.18	39.42	141.60	6 909.82	2.05	3 476.92	4.07
1997	123.93	43.99	167.92	8 234.04	2.04	4 424.22	3.80
1998	159.85	54.21	214.06	9 262.80	2.31	4 938.95	4.33
1999	183.53	59.07	242.60	10 682.58	2.27	5 594.87	4.34
2000	209.58	64.94	274.52	12 581.51	2.18	6 406.06	4.29

年份	房产税 1	城镇土地使用税 2	房地产税收合计 3	税收总收入 4	占税收总收入（%）5=3/4	地方财政收入 6	占地方财政收入（%）7=3/6
2001	228.59	66.18	294.77	15 301.38	1.93	7 803.30	3.78
2002	282.40	76.84	359.24	17 636.45	2.04	8 515.00	4.22
2003	323.90	91.60	415.50	20 017.31	2.08	9 849.98	4.22
2004	366.30	106.20	472.50	25 718.00	1.84	11 879.75	3.98
2005	435.90	137.32	573.22	28 778.54	1.99	15 100.76	3.80
2006	515.18	176.89	692.07	34 804.35	1.99	18 303.58	3.78
2007	575.46	385.49	960.95	45 621.97	2.11	23 572.62	4.08
2008	680.34	816.90	1 497.24	54 223.79	2.76	28 649.79	5.23
2009	803.66	920.98	1 724.64	59 521.59	2.90	32 602.59	5.29
2010	894.07	1004.01	1 898.08	73 210.79	2.59	40 613.04	4.67
2011	1 102.39	1 222.26	2 324.65	89 738.39	2.59	52 547.11	4.42
2012	1 372.49	1 541.72	2 914.21	100 614.28	2.89	61 078.29	4.77

注：

1. 资料来源：《中国税务年鉴》（1995—2009）、《中国财政年鉴》（1995—2009）；国家统计局网站。

2. 房地产税收入中包括城市房地产税。2008 年 12 月 31 日，国务院公布了第 546 号令，自 2009 年 1 月 1 日起废止《城市房地产税暂行条例》，外商投资企业、外国企业和组织以及外籍个人，依照《中华人民共和国房产税暂行条例》和内资企业一样缴纳房产税。

3. 地方财政收入是指地方本级收入，不含中央税收返还和补助收入。

我国今后推出的房地产税，可能会是什么样子？

1. 对增量征收还是存量征收？

所谓的增量征收还是存量征收，又称“新房”还是“旧房”征收问题。是以房地产税改革实施日为截点，改革之前的居民存量住房成为“旧房”，之后的增量住房称为“新房”。增量征收还是存量征收，源于2011年我国在重庆上海两地开展的房地产税试点的两种不同的方式。

增量征收。根据国务院第136次常务会议有关精神，上海市发布《上海市开展对部分个人住房征收房产税试点的暂行办法》（以下简称《暂行办法》）的通知，规定自2011年1月28日起对部分个人住房征收房产税试点。上海市的房产税试点采取的即是所谓的“增量征收”，是指自《暂行办法》施行之日起的所有新增的交易房产为房产税的征收对象，2011年1月

28日之前进行交易的房产都不在课征范围之内。但值得注意的是，所谓“增量征收”，是相对于房产交易施行试点的时间而言，而非房产本身的新建和存量的概念。

导读链接：重庆、上海房产税试点征税对象

上海房产税征税对象：《暂行办法》施行之日起本市居民家庭在本市新购且属于该居民家庭第二套及以上的住房（包括新购的二手存量住房和新建商品住房）和非本市居民家庭在本市新购的住房。新购住房的购房时间，以购房合同网上备案的日期为准。

重庆房产税征税对象：个人拥有的独栋商品住宅，个人新购的高档住房，在重庆市同时无户籍、无企业、无工作的个人新购的第二套（含）以上的普通住房。未列入征税范围的个人高档住房、多套普通住房，将适时纳入征税范围。

独栋商品住宅是指房地产商品房开发项目中在国有土地上依法修建的独立、单栋且与相邻房屋无共墙、无连接的成套住宅。

高档住房是指建筑面积交易单价达到上两年主城九区新建商品住房成交建筑面积均价2倍（含）以上的住房。

新购住房是指《暂行办法》施行之日起购买的住房，

包括新建商品住房和存量住房。新建商品住房购买时间以签订购房合同并提交房屋所在地房地产交易与权属登记中心的时间为准，存量住房购买时间以办理房屋权属转移、变更登记手续时间为准。

存量征收。存量征收，是相对于增量征收而言的另一种情况。就是对现有在我国境内拥有建筑物所有权及土地使用权的单位和个人，即房地产业主进行征税，而不以是否为新购房为划分标准。

与上海的规定不同，重庆市房产税的征税对象则是“高档存量 + 增量”的概念，即独栋商品住宅是“存量 + 增量”的模式，对符合条件的高档住房，则是同上海房产税试点一样的方式，即“增量征收”。

对增量还是存量征税，一直是关于房地产税争论的核心问题之一。重庆和上海房产税试点选择增量征收方式“破题”，主要出于两方面考虑：一是暂时回避了对存量房的征税，可以不太触及既得利益，有利于改革试点的稳步推进；二是增量征收的税基容易确认，改革难度降低。

以增量征收破冰试点，更多的是为房地产税的改革积累经验，也是为了确保改革顺利实施推出基本框架。但仅仅对增量征收就无法回避公平问题。同样是房产，仅因购买时间的差异而产生税负差异，显然有悖税收公平原则。另一方面，在政策具体实施之前也催生了新一轮“避税抢购潮”。从上海的试点情况看，当房地产税试点的预期越来越强时，促使部分购房者为赶末班车而购买大户型产品。

网民观点：增量征收还是存量征收

博主“顾海波”说，房地产税实际上就是保有税，只要符合法律法规，房地产税就应该存量、增量一起征。当然，对于一套房、保障房可不征或象征性征，这有利于中国房地产业的长治久安。

博主“陈真诚”说，对于存量房按评估值开征房产税，房地产评估办法与技术，其实已经在一些地区进行了多年的研究与准备，笔者认为在这方面已不存在太大的技术性难题。

有网民总结到，针对增量进行征税的改革阻力较小，便于试点和扩容顺利进行。但这并不意味着可以长期回避存量，征房产税从交易环节转向持有环节是大势所趋。

在绝大部分开征房地产税的国家，保有环节的税收采用的是普遍征收的模式。中国今后的房地产税改革，是否应该采用这一模式呢？这是当下民众最为关心的一个问题。

当下，我国保有环节的税收不能简单套用美国的普遍征收模式。**在可以预见的很长时期内，可能需要坚持住房保有环节税收只是调节高端。但应一起覆盖高端的增量和存量，之后采用渐进的模式，在按照住房的市场评估值为计税依据进行征收的情况下，可逐步扩大到居民存量住房的更大范围，即适当放宽“高端”的具体界限**。否则，房地产税改革的阻力就会大到无法进行。以公职人员为例，在国家机关的人，一年到头非常辛苦，不受劳动法保护，工作状态是“白加黑”“五加二”，这部分人最大的实惠就是前些年房改以后，得到了单位所分房屋的完全产权。如果对所有房屋征收房地产税，这些人也会极力反对。所以要尽早明确基本住房部分不征税。比如，可能提出立法建议，不管家庭富裕程度如何，独立别墅除外，对第一套房都不征收房地产税，这样给全社会吃一个定心丸。即使是富豪，即使第一套房是300平米豪华公寓，也给予免税。

2.“新房”与“旧房”会区别对待吗？

一旦推出房地产税，如果对所有的住房按完全相同税率征收，存在着这样一个问题，居民认为在当初购买“旧房”的时候，已经负担了住房中的土地出让金以及相关的税费，实施新的房地产税之后，土地批租环节的出让金水平及相关的后续环节税负水平会形成一个向下调整变化的“落差”，如果还要旧房、新房一视同仁负担保有环节相关税收，势必存在税负不公平的问题。因此，有必要时可以对“旧房”和开征房地产税后才征地的“新房”区别对待。我国基本养老社会保障是把人按不同年龄段情况分为老人、中人和新人，老人实行老办法、中人实行中办法、新人实行新办法，这是中国已有的经验，房地产税改革问题也可以采取类似的区别处理，差别税率，“新房新办法，老房老办法”，也就是说，可以借鉴中国渐进经济改革中过去已有的经验，提出可行方案。

3. 只针对高档住宅征税还是所有住宅都将征税?

观点之争：只针对高档住宅征税还是所有住宅都将征税

贾康：房产税改革应该是坚持只调节高端，即扣除“第一单位”，若放弃这一要领，实际上改革就无法进行。

王小广：就是一户一套房，多出的就征税，不需要区分高档住宅还是普通住宅。

倪建达：只针对高档住房。

赵忠秀：针对高档住宅比较得民心，若针对所有住宅会引起民怨，除非对第一套住房免征。

黄建中：有差别的税率，高档住房肯定要高一些，普通住房可以低一些甚至不征收，大多数人不应该再增加税收负担。

这个问题涉及房地产税征税范围以及改革的步骤等方面。我们已经提到，在可以预见的很长时期内，应当考虑住房保有环节税收只是调节高端。之后采用渐进的模式，在由住房的市场评估值作为计税依据进行征收的情况下，逐步放宽“高端”的具体界限适当扩大征收面。

按“调节高端”原则扩大到城镇个人住宅。在这个原则下，就意味着房地产税改革将给出“住房第一单位”或称“基本住房条件”的扣除既免税，按“调节高端”原则覆盖城镇个人住宅（未来也不排除扩大到农村地区）。问题是如何通过规定适当的免税项目和免征额将低端的“第一单位”排除在纳税以外。

但高端并不等于就是“高档住宅”。在现行的法律规章当中，并不采用“高档住宅”这一概念，而是采用“普通住房”和“非普通住房”的概念。如何界定普通住宅和非普通住宅？是按照面积大小、单价高低还是按照房屋总值来区分呢？理论界争论不一，各地的做法也各有差异。

财政部、国家税务总局发布了《关于调整个人住房转让营业税政策的通知》（财税［2011］12号）。《通知》规定，自

2010年1月1日起，个人将购买不足5年的非普通住房对外销售的，全额征收营业税；个人将购买超过5年（含5年）的非普通住房或者不足5年的普通住房对外销售的，按照其销售收入减去购买房屋的价款后的差额征收营业税；个人将购买超过5年（含5年）的普通住房对外销售的，免征营业税。其中，普通住房与非普通住房的标准，应根据《国务院办公厅转发建设部等部门关于做好稳定住房价格工作意见的通知》（国办发[2005]26号）规定加以界定，即，住宅小区建筑容积率在1.0以上、单套建筑面积在120平方米以下、实际成交价格低于同级别土地上住房平均交易价格1.2倍以下。各省、自治区、直辖市要根据实际情况，制定本地区享受优惠政策普通住房的具体标准。允许单套建筑面积和价格标准适当浮动，但向上浮动的比例不得超过上述标准的20%。

因此，不同地区普通住房与非普通住房各地都有自己的标准，各地区大多按照上浮20%的标准执行，即144平方米。如厦门市规定自2014年1月1日起，享受优惠政策普通住房应同时满足以下条件：1.住宅小区建筑容积率在1.0（不含）以上；2.单套建筑面积在144平方米（含）以下；3.岛内（思明区、湖里区）住房单套总价在300万元（含）以下，岛外（海沧区、集美区、同安区、翔安区）住房单套总价在220万元（含）以下。

《重庆市个人住房房产税征收管理实施细则》规定个人住房房产税的征收对象为个人拥有的独栋商品住宅，个人新购的高档住房需缴纳房产税。其中，独栋商品住宅是指房地产商品房开发项目中在国有土地上依法修建的独立、单栋且与相邻房屋无共墙、无连接的成套住宅。高档住房是指建筑面积交易单价达到上两年主城九区新建商品住房成交建筑面积均价 2 倍（含）以上的住房。

是否简单地以房屋面积作为区分普通住宅和高档住宅的标准呢？本着房地产税调节“高端”的原则，恐怕不能以普通住宅和非普通住宅作为是否征税的标准，可以参考重庆市的做法，将房屋面积和房屋单价结合起来考虑，并赋予地方政府一定的自由裁量权。

4. 按照人均面积还是家庭拥有房屋套数征税？

观点之争：房地产税是按照人均面积还是家庭拥有房屋套数征税

贾康：按套数或人均面积扣除都是可以考虑的方案。但是按人均面积存在管理上的麻烦，就是人口出现变化怎么办。

王小广：在中国只能以套数为标准，不能以面积，用面积又复杂了。中国住房政策的核心应该是“一户一套住房”，第一套住房享受最优惠待遇，第二套和以上就与第一套享受的待遇有很大差别。但不用在意第一套是别墅还是普通住宅，不让富人住大房子是没有道理的，没有绝对的公平，要给大家改善住房的空间。

倪建达：应该按家庭套数征税。

赵忠秀：为起到调控的短期目的，应该以套数征税。从长期制度性建设来讲，应该以人均面积计算（予以一定的扣除额，按不同地区有所差别）。

黄建中：两个结合起来更好，但可以以人均面积为主。

资料来源：http://finance.qq.com/a/20130315/001132.htm

房地产税是按照人均面积还是家庭拥有房屋套数征税？这是房地产税制度设计中争议最多的环节之一，涉及房地产税的税收优惠政策和征收方式。

按“人均面积”的操作思路，不论是社科院报告提出的人均40平方米，还是提到60平方米，80平方米，都存在一个网上以“假设情境”提出的问题。假设一家三口，每人40平方米，一套房子刚好120平方米不交税。但孩子不幸在车祸中身亡，三口人变成两口人。正当二老悲痛欲绝时，“当当当”有人敲门，税务人员来通知，你们家的情况已经变化，该交房产税了。上述假设给我们的启示就是，不仅要考虑税制设计的精细化和“严丝合缝”，还要考虑当情况发生变化时确实还有些特殊情况和“人情”因素，老百姓会很在意，考虑这些情况，中国的房地产税设计至少在建立初期可能需要更放宽一点。

如果从“放宽些”来设想，应可讨论房地产税的开征不涉及“第一套房”，使投资房成为房地产税调控的主要目标（同时应该特别关注实际上和产权房房价无关的保障房的供给，包括廉租房和公租房等。低收入阶层和“夹心层”的住房供给，客观上迫切需要政府从另外一条轨道上解决其“住有所居”的问题)。如果第一套房不征税，第二套房是不是也可以税率从低？就中国现在的普遍情况和民众心理来看，第二套房可说是“自己给自己买的商业化社会保险”，征收税率从低具有一定合理性和可行性。但对于第三套、第四套，乃至更多套的房子，应该不会给予税收优惠了，会一丝不苟征税。这样，可以大体解决好调节高端的问题，也给每个社会成员在基本住房和居住条件改善方面吃了定心丸。

5. 房地产税是以市场成交价格计算还是以评估价值计算？

以不动产的评估值为依据征收是基本的国际经验，也是未来中国房地产税的改革方向。因为房地产的价格会随着市场供求关系的变化和经济社会的发展进程而变化，以固定不变的成交价格为依据征收必然导致税收负担不公和调节功能不到位，而以评估价为依据反映市场价格变化的现实，具有科学性和公平性。目前，绝大多数国家和地区正是以财产的评估值为税基征收。

一般不动产估价有以下几种价值概念：一是市场价值；二是租金价值；三是实际价值；四是重置价值。

市场价值。市场价值即房地产交易市场上相互独立的买卖双方公平交易所形成的价格，通常是以一定时期内的均价为依据。

租金价值。即按照年租金和年租率进行折算，求出资本还原的不动产价值。在没有市场价值的情况下，多以此为财产固定价值。

实际价值。一般适用于新建房屋，由房屋的地价加上家住成本费用得到。

重置价值。指以重建同样房产的成本作为依据，通常是对旧房估价。

以房地产的评估价值作为计税依据。具体来看，可由土地部门、物价部门和地方税务局等有关单位联合设立专门的不动产评估机构，以房地产税开征第一年为基准年度，合理确定房地产的估价基数，并按照一定周期重新评估。这一周期可以为3—5年，以体现公平税负、合理负担的原则。前些年启动的“物业税”模拟评税试点，已在这方面积累了基本的经验和可选择的方法。

6. 房地产税税率按比例税率还是累进税率征税?

税率是税制设计中的重要变量。房地产税税率的设计将直接关系到税收负担的高低，也是人们普遍关心的问题。房地产税率是实行统一税率还是差别税率？是比例税率还是累进税率？会不会出现纳税人“买得起房，养不起房”的现象？

从目前开征房地产税的国家看，税率设计一般有两种选择：一是比例税率；二是累进税率。前者征收简便，但不利于发挥对高收入的调节作用；后者设计和计征较为复杂，但可以更有力度地达到调节高端的目的。

房地产税完成立法后依法启动的征收，将会因地而异。因为作为地方税，税率不大可能整齐划一，至多是规定一个各地可选择的区间或上、下限。此前两地房产税改革试点关于房产税率的不同数字，也反映了方案设计版本有所不同。脱离各地具体情况设计版本谈房产税税率高低，没有意义。房地产税的税率如在中央统一立法中，规定税率的可选择幅度，地方政府即可在幅度区间内，走规范的预算决策程序，根据当地经济发展情况和居民收入水平确定适用的税率，报财政部、国家税务总局备案即可。比如中小城市房地产税的适用税率可以适当从低，大城市房地产税的适用税率可以适当从高；普通住宅的适用税率可以适当从低，高档住宅和高端房地产的适用税率可以适当从高；豪华别墅和高尔夫球场住房还可以适当加成征税。在设计税基和税率的时候，应当兼顾纳税人的负担能力和财政收支的需要，可以参考其他国家，特别是发展中国家和周边国家同类税收的做法。

7. 房地产由谁来估价？怎样估价？

房地产税基怎样评估，谁来评估，评估准确与否，对房地产税有着至关重要的影响，是房地产税收是否合理、公平的关键点之一。

世界各国房地产税基评估的模式比较分析。世界各国对房地产税税基评估即不动产价值评估主要是由政府或准政府的评估公司（机构），对不动产的当前价值（Current Value）或市场价值（Market Value）进行评估，并以此作为财产税征税依据，形成了规范的税基评估制度。下面从评估部门、评估方法、评估周期以及对争议的处理等几个方面，对世界各国房地产税基评估的模式进行简要的对比分析。

评估机构。房地产税的评估机构主要有两类。一是政府部门或政府部门下属的评估机构，具体可以分为中央（州）和地方（市政当局）的评估机构。各国政府设立房地产税评估机构的选择主要有两种模式：一种是设立准政府的税基评估公司，提供税基评估服务；另一种是在政府设立独立的机构或在财政部门下面设立政府的税基评估机构。二是私人评估机构。非政府的私人评估机构既可以在评估过程中只起协助作用，也可以提供全部的评估服务。目前，利用私人机构来从事评估变得日益普遍。部分国家和地区房地产税税基的评估机构见表 7–1。

表 7–1　部分国家和地区房地产税税基的评估机构

国　家	中央政府 / 州政府	市政当局	私人机构
澳大利亚	◆		
博茨瓦纳		◆	◆
巴　西		◆	
塞浦路斯	◆		
捷克共和国		◆	
爱沙尼亚	◆		
香　港	◆		
匈牙利		◆	
爱尔兰	◆		
牙买加	◆		
肯尼亚		◆	◆
马来西亚①		◆	
荷　兰		◆	
新西兰②	◆		

国　家	中央政府／州政府	市政当局	私人机构
巴基斯坦	◆		
菲律宾		◆	
波　兰		◆	
新加坡	◆		
南　非		◆	◆
泰　国		◆	
津巴布韦		◆	

注：评估是市政当局的职能，但由于市政当局资源的缺乏，中央评估当局为大多数较小的辖区承当了评估责任。

资料来源：财政部

评估方法。目前，世界各国认可的和在实际征收中所运用的房地产估价方法，主要有市场比较法、收益还原法和重置成本法。同时，计算机被广泛运用于房地产税的税源监控和评税工作中，极大地降低了税基评估和税收征管成本。部分国家和地区房地产税税基评估方法见表 7–2。

表 7–2　部分国家和地区房地产税税基评估方法对比

国　家	评估方法	评估技术
美　国	比照销售法、成本法、收入法	计算机辅助批量评估系统（CAMA）和地理信息系统(GIS)
加拿大	市场价评估法	计算机辅助批量评估系统（CAMA）
英　国	租金法、成本法、合同户基础	

国　家	评估方法	评估技术
香　港	利润法、承包商法	回归基础指数化、信息系统战略、计算机协助评估系统（CAMA）
新加坡	租金比较法、承包商基础法、利润测试法	计算机协助规模评估（CAMA）
日　本	比较法、租金法	建立街区评估等级系统
澳大利亚	土地价值法	
印度尼西亚	土地：相同地价区法 房屋：成本法	土地：相似土地价值分区系统 房屋：税务部门确定的成本表
捷　克	成本法、收入法	价值图、电算化的财政机构的税收管理与国家信息系统
巴　西	成本法	多元回归分析技术、地理信息系统

资料来源：财政部

评估周期。从国外部分国家和地区来看，除美国个别州的评估周期在5—9年之间外，其余国家和地区多在1—5年不等，其中以三年和五年作为一个周期的最多。表7-3列示了部分国家、地区的评估周期。

争议处理。世界各国在处理房地产税基评估结果的争议时，处理程序主要分为以下三个层次（有的国家和地区这几个层次都有，有的国家和地区只有其中的部分）。一是向当地税基评估机构申诉，陈述不同意税基评估结果的理由，并提供必要的证据。如果税基评估官认为纳税人的理由是对的，可以调整税基评估通知。如果不同意纳税人的意见，纳税人可以进入下一程序申诉。二是向政府复核委员会审诉。该委员会由政府设立，各地人数不等。其成员一般都具有比较丰富的评估和相关法律知识，由政府任命。纳税人或其代理人向委员会陈述理由并提供证据。三是上法庭。有的地方有专门的税收法庭，受理税基评估纠纷。有的地方没有专门的税收法庭，而是由地方法庭负责。税基评估纠纷进入法庭这个层面以后，一般当事人双方可能要聘请社会独立的评估专业中介人士提供支持。法院受理纠纷期间，纳税人必须按纳税通知单纳税。

表 7-3　部分国家和地区房地产税税基的评估周期

国家（地区）	评估周期
澳大利亚	对较大的已城市化的地区每年评估一次，对于较小的地方当局每 3 年一次
博茨瓦纳	每 5 年一次
巴西①	法律未作要求
塞浦路斯	上一次重新评估是在 1980 年
捷克共和国	不固定
爱沙尼亚	约每 3 年一次
中国香港	每 3 年一次
匈牙利	不固定
牙买加	每 5 年一次
肯尼亚	由市政当局自行决定，通常是每 10 年一次
马来西亚	每 5 年一次

国家（地区）	评估周期
荷　兰	由市政当局自行决定，通常是每 4 年一次
新西兰	每 3 年一次
巴基斯坦	每 5 年一次
菲律宾②	每 3 年一次
波　兰	不固定
新加坡	每年一次
南　非	每 4 年一次
泰　国	每 4 年一次
津巴布韦	不低于 3 年，不超过 10 年

注：①在巴西，地方市政当局可以每年根据通货膨胀率进行指数化。

②在两次重新评估间进行指数化。

资料来源：财政部资料

我国拟采用的评估模式。开征房地产税，关键在于房屋的评估价值的确定。由谁评估，怎样评估，都是摆在我们面前的重要问题。

为了能够准确地确定房地产的评估价值，需要设置专门的评估机构，配备合格的评估从业人员，建立完善的符合我国国情的不动产评价体系和科学的评估制度。近年来，我国不动产评估事业获得了长足的发展，评估机构主要有政府部门的评估机构和专业的商业性评估机构。政府部门评估机构主要有三个评估机构：一是住建部为主的房地产评估机构；二是国土资源部所属以土地评估为主的评估机构；三是国资委所属的资产评估机构。商业性评估机构的组织形式主要是有限责任公司和合伙制等，评估按照政府规定标准收取费用。

从国外的经验来看，评估机构的选择是多样的，既有政府和准政府性质的评估机构，也有商业性评估机构，关键在于评估机构要保证公正性和公平性。我国评估机构的选择，目前意见不统一。我们认为，房地产税评估机构的选择应遵循国际通行的原则，一是公平性；二是科学性；三是低成本。在目前中国市场经济并不完善，专业机构和中介组织发展并不成熟的情况下，还是需要政府的参与。可以考虑开始阶段由国土部门、物价部门和地方税务局等有关单位联合设立专门的不动产评估机构进行房地产价值评估，并积极培育、发展非政府的专业评估机构。

应运用地理信息系统（GIS）和计算机等现代信息技术，采取科学合理的评估方法。对课税不动产的评估周期，可掌握为 3 年左右。对此，建立和与不动产登记、评估有关的信息数据库是评估工作的基础。还要通过对纳税人进行不动产信息登记，详细登记纳税人所拥有不动产的类别、所在地、各项具体数据、评估价值，掌握评估价值动态变化情况等，运用现代信息技术对这些信息进行及时搜集、处理、存储和管理，以获取有效的评估和征管资料。此外，还要通过法律保障纳税人对评估结果拥有知情权和申诉权。不动产的评估结果必须定期公布，并方便纳税人查询。如果纳税人对不动产的估价等问题存有异议，他们有权申请复议，地方政府必须设立专门的机构办理有关复议、仲裁事项。纳税人对复议、仲裁结果仍有异议的，可再向法院起诉，由法院进行判决。

房地产的评估方法有多种，其中最常用的是收益法、成本法和市场比较法。其中，市场比较法是一种最简单、有效的方法，为世界各国广为采用。这是将待估房地产与其所在区域近期内已经成交的类似房地产进行比较，以它们的成交价格作为参考进行修正，从而估算该房地产在正常市场情况下的价格或价值的一种方法。市场比较法是因为估价过程中的资料直接来源于市场，同时又为即将发生的资产进行估价，因此，在《房地产估价规范》（GB/T50291–1999）第 5.14 条规定，有条件选用市场比较法进行估价的，应以市场比较法为主要的估价方法。当然，选用市场比较法的前提条件是：第一，需要一个充分发育活跃的房地产市场。房地产市场上，房地产交易越频繁，与估价对象相类似房地产的价格越容易获得。第二，参照物及估价对象可比较的指标、技术参数等是可以收集到的。运用市场比较法估算估价对象的价格或价值，重要的是能够找到与估价对象相同或相似的参照物。与估价对象完全相同的参照物大都是不可能找到的，这就要求对类似房地产参照物进行修正调整，其修正调整的指标、参数等资料的获取和准确性，是决定市场比较法运用与否的关键。

房产税的评估管理是否复杂到“中国人做不了”。有观点认为房产税的评估管理过于复杂，中国人做不了。实际上房地产税的税基评估管理不会比已经运行十年以上的物业税模拟评估"空转"征收的管理复杂多少。参与模拟评税试点的十处地方，首先需要把所有的不动产确权，把每一处的地段、面积、楼层、朝向等相关数据输入计算机，然后由软件处理程序自动生成评估结果。在借鉴国际经验的基础上，中国在评估管理上有后发优势。过去一百年，还没有应用计算机管理的时候，国外就通过选举社区内大家认为有公信力的人，在有两人以上的情况下登记数据等再进行税基评估。如今通过计算机软件程序生成房产税的税基评估值，虽然前期工作稍微复杂，投入成本高一些，但对中国而言不存在技术难度。"模拟空转"软件里把不动产分成制造业不动产、商业不动产和居住不动产三类，只需要输入数据后给一个指令，就可以自动生成评估结果。

8. 房地产税如何缴纳？

我国房地产税可考虑实行以代扣代缴、代收代缴方式为主，自主申报为辅的制度。对未上市交易的单位房改房，由单位代扣代缴。对已上市交易的房改房，由单位代收代缴。对商品房，如果有物业公司管理的，则由物业公司代收代缴；对其他建筑，采取纳税人主动申报和税务人员上门征收相结合的方式。

国外的房地产税很多是采取分次缴纳的方式，如澳大利亚的新南威尔士州、智利、丹麦、日本等，他们允许纳税人分4次支付税款。以色列可分6次征收，英国可分10次。中国的房地产税可实行按年计税、分次缴纳的方法。缴纳次数过多会增加相应的征收费用，所以可以半年缴纳一次为宜。

9. 房地产税的改革步骤是渐进的还是一步到位式的？

导读链接：国务院发展研究中心产业经济研究部“中国房地产税改革研究”课题组

谢伏瞻主编的《中国不动产税制设计》(2006年版)一书中对不动产税改革提供了三个方案：小改、中改和大改。

小改方案：把三税合一（房产税、城市房地产税和城镇土地使用税），主要针对城市经营类房地产和工商企业法人用房地产征税，居民用房地产不列入纳税范围。

[评价] 改革幅度小，易操作，且没有扩大征税对象的范围。没有从根本上改变现行的房地产税制中存在的征税对象范围狭窄、计税依据和税负不科学问题。

中改方案：在三税合一的基础之上，取消土地增值税，保留契税和耕地占用税，在城镇范围内构建统一的不动产税制。在征税对象设置上，城镇居民自住用不动产都应被纳入征税范围，但通过设置免征额和不同税率来调整财富分配，农村地区的土地和住宅暂时不列入纳税范围。

[评价] 在城镇范围内统一不动产税制，总体符合不动产税改革的方向。

大改方案：是在三税合一的基础上，取消土地增值税和耕地占用税，保留契税，在全国城乡范围内同时实施统一的不动产税制。征税对象设置上，除了城镇居民自住用不动产被纳入征收范围外，农村地区的土地和住宅以及城市机关、事业单位、社会团体等单位自用的不动产也应纳入征税范围。

[评价] 改革比较彻底，税制得到了简化，符合不动产税改革的终极方向。

注：城市房地产税已于2009年1月1日起废止。

"先易后难，先窄后宽"的原则。房地产税的改革会在科学设置房产税的税基、税率、减免税优惠基础上，本着"先易后难，先窄后宽"的原则，逐步适当扩大房产税的税基和征收范围，使其成为地方税收的重要支柱。

近期可考虑密切结合加快房地产税立法来讨论的房地产

税征收方案的设计。应以认清制度建设大方向为前提，注重“渐进”要领，允许在各方表达不同诉求后寻求和达成必要妥协，承认第一版房地产税法文本的过渡性质，即可以先从拥有多套房子或大面积的高端人群入手，不求理想化地一步到位。在按照人大审议通过的相关法律实际开征房地产税后，估计在我国还会在若干年内作必要的动态修订，才会使法律文本逐步稳定成熟起来。建议首先提出对于高端和非高端的界定方法，先建好基本框架，再徐图改进。立法中需要积极征求各方意见，开明地展开讨论、组织听证、作情况通报。并且对于相关的培训、交流活动应有积极的安排。特别要注意的是，有关部门必须积极建立、健全相应的房地产登记注册、评估制度及管理机构。

加快房地产税立法中，应注重尽快给全体社会成员“定心丸”和对所涉及纳税对象采取“讲道理”态度。我们认为，对于一般中等收入阶层，包括公职人员，包括现在有自己的商品房、产权房的社会成员，这个税的初始框架应该非常清晰的给出一个信息：**不去覆盖现在居民家庭的第一套住房，先从高端做起，让大家以后在实际生活中来认同这个税的正面效应**。对于高端增加了税负的纳税人，也要消除他们的恐惧心理：这个税是市场经济调节经验的通例，而且不会使他们“伤筋动骨”，一定会严格把握“负担能力原则”，是他们可承受的一种再分配调节。他们多纳一些税，进入国库后反过来扶助弱势群体，既体现了“先富起来”的人们对社会的贡献，也促进了社会和谐，对先富者，也是形成了整体而言对他们境况有利的正面效应。

深度阅读：

《中国不动产税制设计》

《厦门市国土资源与房产管理局　厦门市财政局　厦门市地方税务局　厦门市物价局关于调整厦门市享受优惠政策普通住房界定标准的通知》（厦国土房[2013] 445号）

《上海市开展对部分个人住房征收房产税试点的暂行办法》

还有一些问题

1. 如何处理房地产税及与房地产相关的税费关系？

中国目前与房地产有关的税种按照课税环节划分，可分为交易环节税：有土地增值税、契税、营业税、耕地占用税、城市维护建设税、印花税、企业所得税和个人所得税；保有环节税：有房产税和城镇土地使用税。

税、费、租应该按照经济性质各归其位。房地产开发、交易、保有全链条上各个环节的税收、收费、租金，形成相关的负担和调节机制。税、费、租应该按照经济性质各归其位。税是政府凭借社会管理者的政治权力征收的；租是凭借土地所有者的财产权利索取的；费是作为政府系统正税之外的收入补充形式，应该以规范的规费形式收取，数量应该不太大，并且还应该允许和引导“使用者付费”的规范形式逐渐发展，使收费更体现它与特定服务供给的直接对应性——这也是公共财政框架下与公共部门提供服务有关的一种收费形式。房地产领域这三个大的政府收入种类（税、费、租）应该按照经济性质，各归其位，并注重总体的协调、整合、体系化。

房地产税是将现有的房产税和城镇土地使用税合二为一。本书讨论的房地产税在这个意义上严格说来不是一个新的税种，即是按照合理简化税种的原则，将现有保有环节的房产税和城镇土地使用税合二为一。以新的房地产税课税税基，覆盖部分高端消费住房，实行可以减少征管成本而又与市场经济相适应的新房地产税。

其他相关税种也要考虑归并、整合。可考虑将城市维护建设税并入增值税、消费税，将土地增值税并入企业所得税、个人所得税和房地产税，并取消房地产领域不合理的行政性收费。房地产交易中，只要缴纳契税（税率可提高），就应当给予办理过户手续（原来划拨的土地应补交出让金），因为转让价格包含了土地使用权的价格。为控制农业耕地的减少，耕地占用税应保留。通过上述简化措施，不仅可以减少与房地产有关的税收和收费的数量，减轻纳税人的经济负担，而且还可以优化税负结构，即适当减少房地产转让、出租环节的税收负担，合理增加房地产持有、使用环节的税收。

坚决取缔不合理的收费项目。现实生活中仍存在的不合理收费项目，不仅推动房价的上涨，制约居民住宅建设和房地产的健康发展，还助长腐败现象和不正之风的蔓延。要坚决取缔不合理、不合法、属“三乱”性质的收费项目，以减轻纳税人的税外收费负担。同时，要将具有经营性质的房地产收费从行政事业性收费中分离出去，以规范政府行为。政府的收费项目要严格以成本来核定收费标准，坚决按照收费的范围和标准足额及时征收，禁止有关部门巧立名目设立多余的收费项目乱收费。严格管理经营性收费，政府行政管理部门不应以任何明示或暗示的手段要求开发企业到某些特定机构办理业务，如房屋买卖、预售等的公证行为，应本着自愿的原则，由当事人自己决定，不得强制公证并收取公证费。

合并简化收费项目。将一部分名费实税的房地产收费改为税，如可以将耕地复垦基金、新菜地开发建设基金、征地管理费合并到耕地占用税中一次性征收，将土地闲置费改为土地闲置税。同时，可根据费用的征收环节和征收部门，合理归并房地产收费项目，如房屋租赁登记费、房屋租赁手续费、房屋租赁证书费等，完全可以统一征收，简化收费程序。

保留合理的收费项目，并纳入预算管理。对确需保留的收费项目则通过“规范费”的办法分别纳入“规费”和“使用费”系列，并纳入财政预算内管理。同时，应该把合理的房地产收费项目以国家法律或地方法规的形式确定下来，使房地产收费真正做到有法可依、有法必依、执法必严、违法必究。

2. 什么是土地批租制度与土地年租制度?

土地批租制。土地批租制（Grand-land Approach），也可称为“土地出让金制”，是指土地所有者（出租方）将一定面积的地块在规定的期限内按照一定的条件通过法定合同租给土地使用者（承租方），期满后收回土地及地上建筑物。土地批租制基本特征就是土地所有者一次出租土地若干年，按固定的租额一次性地收取若干年地租的折现值总和，也就是土地出让金。

土地年租制度。土地年租制度（Annual-rent Approach）是指土地所有者依法将一定期限的土地使用权出租给使用者，并按规定向土地使用者收取各年度租金的一种土地有偿使用制度。年租制有年定额租制和年分成租制两种具体形式。其基本特征是：约定租金，年底交租，多年承租。

我国在改革中已推出的“土地出让金”，其性质是土地使用权的价格，即国家凭借国有资产所有者身份对使用权持有人收取的地租。现阶段的土地出让制度存在一定的缺陷，土地出让金的利益分配机制不够合理。土地出让金是若干年（在我国目前为40—70年）土地使用期内的地租之和。某一届政府获得的土地出让金，实际上是一次性预收并大都会一次性预支未来若干年内的土地使用权收益总和。一次性收取后马上用光，是一种对土地收益的“透支”，这对于以后多届政府显然是不公平的。土地批租环节其他的弊端，还有设租寻租，这使土地隐性成本提高，开发商囤地也会导致土地垄断加剧等。

当前，从资金视角完善我国土地出让制度的重点，首先是着手解决土地出让金的预算管理、支出安排和运行监管等方面的问题，提高其规范性与合理性。

要落实土地出让金收支预算制度，加强土地出让金收支管理。首先，必须将土地出让收支全额纳入预算，实行“基金预算”管理，提高其管理的透明度和规范性。其次，由于受土地供应规模、外部宏观经济情况等因素影响，土地出让收入波动较大，不利于收入预测和支出安排。为此，财政部门要参与同级国土部门的土地利用计划的筹划与制定，加强国有土地投放控制，力求使土地出让平稳增长，提高土地出让收入预算的准确度。最后，为了保护土地出让金预算制度的约束刚性，土地出让金收支预算不得随意变动。对于政府在土地出让高峰期获得的超预算的收入，应建立“土地出让收益基金”制度，并应要求各级政府不得将当期出让土地使用权获得的土地收益全部用于当期支出，可将一定比例的部分作为土地收益留成进行专项管理，留作以后年度地方政府纳入预算安排使用。

规范土地出让金的支出使用方向，提高土地出让金的使用效率。对土地出让金应明确各使用用途的支出比例，确保惠及民生的项目资金到位。在征地过程中，要依法落实土地补偿费、安置补助费以及地上附着物和青苗补偿费标准，切实保障失地农民利益。土地补偿费和安置补助费之和达到法定上限，尚不足以使失地农民保持原有生活水平的，当地政府可以结合用土地出让金收入予以补贴。地方政府土地出让金的支出使用应以“取之于民，用之于民”为原则，重点加大对棚户区改造、保障房、政策性租房补贴的投入力度，缓解城镇中低收入者住房压力。政府税收收入中来自原农村土地的相关税收的部分，应侧重用于农村土地的整理、农田改造和水利等基础设施建设，避免以往土地出让金使用过度向城市倾斜的弊端。

积极探索土地年租制。地租按年支付即为年地租，是对当年利润的一种扣除。若将未来无穷年或若干年的地租贴现总值一次性支付，即是地价。在无穷年情况下相当于土地所有权价格，若干年或有限年情况下相当于土地使用权价格。因此，不论是地租或地价，本质上都是土地所有权（在我国是一定年期的土地使用权）让渡所反映的经济价值，是土地所有权在经济上的实现形式。年地租按年度计算和收取，地价（土地使用权格）则是若干年地租贴现值的一次性支付或缴纳。土地年租制与土地使用权出让，从本质上而言，都是国家对地租的收取，是土地国家所有权在经济上的体现，只是二者收取方式不同而已。土地年租制以年为单位，是地租的直接表现形式，有偿出让是一定年期地租贴现值之和，是地租的间接表现形式，其实质是地租的资本化。在无每隔若干年重评一次税基的房地产税制度框架制约的情况下，土地出让金的生成价位较高，如果采取土地年租制，可以动态地调整年租，进而反映经济的发展状况，有利于保证政府财政的长期稳定收入，即可以把一时、一次性的土地出让收入分散到40—70年期限内，进而有利于稳定房价，缓解住房压力，促进居民住房等家庭消费更加合理。

3. 如何理解房价和地价的关系

在城镇化进程中，从住房的市场轨来讲，有观点称房价和地价关系就像是先有鸡还是先有蛋的问题，很难分辨。但其实房价与地价并不是“鸡生蛋、蛋生鸡”如何排列先后顺序这个类型的问题。作为满足消费需求的具象化目标，住房在黄金地段的升值趋势是自然垄断情况下所有因素的共同作用使然。但分析中可知，如果是地价决定房价，那么只要控制住中心区的地价，房价就会趋于低稳。但实际上即使政府强力控制地价，房价也会受市场供需和竞争影响而继续上扬，所以政府严控商业化项目地价的结果，只能是使中间开发环节取得更多暴利。另一方面反过来想，由竞价形成的下一轮地皮价格导致地价比上一轮房价更贵，看似不合理，但在对自然垄断物公平竞争的前提下，下一轮“面粉”比上一轮“面包”卖得贵是可以有道理的——竞争中如果开发商高价拿地而商品住房出售价格上不去，那么只会“砸在自己手里”让他自身蒙受损失，这是在逻辑上合乎情理的市场约束与平衡。所以从长期，从根本上讲，房价是决定地价的，只是现实生活中两者的关系往往直观表现为扑朔迷离的互动过程。

4. 对小产权房如何对待？

小产权房是“中国特色”的棘手问题。如果真正征收房地产税，小产权房看似很难处理。但征税却恰恰是推动小产权房问题得以解决的制度建设因素。试设想，如果北京也进入房地产税改革，那么北京的几十万套小产权房问题就会迫使官方表明态度，抓紧通过调查研究把几种小产权房分类区别对待，拿出方案，争取一次性把小产权房这类历史遗留问题解决掉（具体的利益分配可以分期渐进兑现）。

5. 房地产税开征需要哪些配套措施?

房地产税的开征需要财税改革为大背景，而财税改革的系列配套具体内容包括，推进一系列预算管理改革，提高透明度，实现全口径预算的完整性。在具体管理形式上，2014 年后要编制三年中期滚动预算，今后将从中央到地方逐步实现跨年度预算的全覆盖。中央和地方财税管理体系的调整，从完善立法开始，明确事权，把事权和预算操作支出科目打通，形成协同运行可操作的一套事权明细单。实施税制改革，涉及“营改增”、消费税、环境税、个人所得税等，其中，资源税和房地产税改革都称得上难点，尤以房地产税争议最为激烈。但着眼于建立一个现代国家、现代社会和现代税制，中国是绕不开房地产税和相关配套改革的。

不动产登记制度的建立已有明确时间表与工作要求，应看到这一制度对于房地产税改革的技术支撑和配套作用。

导读链接:《不动产登记暂行条例（征求意见稿）》

国务院法制办网站于 2014 年 8 月 15 日公布《不动产登记暂行条例（征求意见稿）》。征求意见稿要求建立统一的不动产登记信息管理基础平台，各级登记机构信息纳入统一基础平台，实现信息实时共享；并要求不动产登记机构、不动产登记信息共享单位及其工作人员应当对不动产登记信息保密。

国务院法制办介绍，征求意见稿根据2013年3月全国人大通过的《国务院机构改革和职能转变方案》有关要求，贯彻国务院确定的登记机构、登记簿册、登记依据和信息平台“四统一”精神，主要遵循4条原则：一是整合职责，二是物权稳定，三是方便群众，四是严格管理。

征求意见稿明确国土资源部负责指导、监督全国不动产登记工作，同时要求县级以上地方人民政府确定一个部门负责本行政区域不动产登记工作，并接受上级不动产登记主管部门的指导和监督。

征求意见稿规定，登记机构应当设置统一的登记簿，载明不动产自然状况、权属状况等相关事项，并对登记簿的介质形式、登记机构的保管保存义务等进行明确。同时，为妥善处理好不动产统一登记过程中新证和老证之间的关系，征求意见稿特别强调，条例施行前依法颁发的各类不动产权属证书和登记簿继续有效。

本着简化程序、方便群众的原则，征求意见稿规定，一是充分尊重申请人的意愿，允许申请人在特定情形下可以单方提出登记申请，在登记机构登记前还可以自愿撤回登记申请。二是要求登记机构公开申请登记所需材料目录和示范文本等信息，为申请人提供便利。三是严格受理期限，要求登记机构收到申请材料之日起 5 个工作日内进行初步审查。申请人可以当场更正错误的，当场受理；登记机构未一次性告知申请人需要补正内容的，视为符合受理条件。四是登记机构能够通过互通共享取得的信息，不得要求申请人重复提交。

为加强登记信息共享与保护，征求意见稿专设一章作出规定，一是要求国务院国土资源主管部门牵头建立统一的不动产登记信息管理基础平台，各级登记机构的信息要纳入统一基础平台，实现信息实时共享。二是国土资源、公安、民政等有关部门要加强不动产登记有关信息互通共享。三是明确权利人、利害关系人、有关国家机关有权依法查询、复制不动产登记资料。四是对查询获得的不动产登记信息、资料的使用进行规范。此外，不动产登记机构、不动产登记信息共享单位及其工作人员应当对不动产登记信息保密。

6. 房地产税会引起激烈抗税吗？

房地产税的开征，涉及千家万户的切身利益，一直以来都是民众争论的焦点。反对派和赞成派都大有人在。在国内一些著名的论坛上，甚至还成立了“抗税联盟”。这不免让人担心房地产税的开征是否会引起激烈的抗税。

网民观点：开征房产税：反对派 VS 赞成派

反对派：征税不过是头痛医头脚痛医脚

新浪微博网友@马鞍山风：房产税简而言之，就是利用老百姓的善良，利用社会矛盾、扩大社会矛盾增加税赋的房革，最终老百姓不可能受益，只会为高得离谱的税负买更贵的单。

新浪微博网友@花心美猴王：对存量房征税全面开展房产税，不但不能降低房价，还会提升租金。房东们会把税分摊到租户头上，到时候不是买不起房的问题了，连租都租不起了。或许专家们根本不关心这些，把税收上来完成政绩才是目的。

新浪微博网友@鸿声断云碧：关于房产税，我认为本来就不算是个合理的税种，关于房产税调控房价，根本就是一个头痛医头，脚痛医脚的做法，不会从根本上解决问题的。也就是说，根本不用指望房产税可以让房价降低。

赞成派：征税之日就是房价暴跌之时

江苏无锡网友lily：我大力支持征收房产税，问题是征收方式，建议房管局代收。每年产权证年审的时候收税，逾期不交税就让他的房产报废，由政府收了去作为安居房、廉租房，给买不起房的人住，看看谁敢不交税，看谁还炒房。现在上海重庆的房产税都是购置税，就像买汽车一样的购置税，不能叫做房产税，应该在持有环节交税。税额可以参照地段、面积、类别（别墅、高层、多层、农民房）来设定一个系数，给每年要缴纳的税收设定一个基数，这样房产商也不会故意抬高房价了。

新浪微博网友@一条叫猫的鱼：房产税的出台是要打压房价。房产税一来，房价肯定暴跌。房产税从现在起一年内肯定出台，到时就是房价暴跌之日。立字为证！

网友丰台体制不行：征收房产税是对的。这样一来，手里持有多套房子的户主会因为持有成本太高而抛售，从而增加房子的有效供给，房子价格必然出现下降，老百姓就能从中受益。那些反对征收房产税的人一部分是无知的网民，一部分是利用无知网民情绪的多套房子所有者。

资料来源：http://finance.jrj.com.cn/house/2011/05/0914309921694.shtml

事实上近些年来，关于“税收痛苦”的讨论一直没有停止，人们越来越多提到在税制方面存在直接税比重偏低，间接税比重偏高的矛盾，并已体现在现实生活里中等收入阶段民众“端起碗来吃肉，放下筷子骂娘”的心态和对于当局的压力上。在早些时候，公民的纳税人意识尚没有上升到一定水平，因此对于税收负担问题大都浑然不觉。但近几年，民众在纳税人意识方面有了显著提升。例如听到说馒头里还有税、月饼里还有税，民间的怨气很大。实际上，间接税在消费品里几乎无处不在。财政部、税务总局都用大量数据反复论证说明，中国国内的宏观税负绝非高得离谱，目前中国的宏观税负大体上就是发展中国家的平均水平，明显低于发达国家。但这并不能够否定中国民众感受到的税收痛苦问题。这种痛苦最主要的来源其实就是间接税。间接税成为国库收入的主体部分，意味着消费大众是国库收入的主要贡献群体，而消费大众的主要构成部分是低中收入阶层。这些税负的转嫁与归宿涉及很复杂的经济分析，精确计算出某一个具体的物品在不同阶段的税负演变十分困难，但总的来说，每个消费品里或多或少都含税。而给国库做贡献的主体——消费大众中的低中收入阶层，是在恩格尔系数还很高（较大部分收入用于满足基本生活需要）的情况下让渡了他们的物质利益——这是生存资料层面上的让渡，也是痛苦程度很高的让渡，所以我国“税收痛苦”的问题无可回避。现在间接税为主的税制框架下给国库做主要贡献的群体是中国消费大众，而且其中大多数是低中收入阶层的观点，是成立的。有些管理部门在概念上对这种实际的税收痛苦问题，尚没有清晰的提炼，但这是我国走向和谐社会和追求长治久安所不能忽视、需要合理解决的一个深刻的社会负担问题。

房地产税如果能解决好调节高端的问题，应能避免出现严重的抗税问题，也给每个社会成员在基本住房和居住条件改善方面吃了定心丸。因为高端人群受到房地产税的调节时，是在他们“享受资料”的层面上做出利益让渡，向国库有所贡献，虽然也会引发不满，但对他们不会“伤筋动骨”，痛苦程度较低。可从重庆房产税试点中动存量的实践来做一些本土案例的观察。重庆辖区内有几千套花园洋房式独立别墅，按改革试点方案必须要缴纳房产税。于是曾有人担心，过去住房保有环节从无税负，现在要征税，纳税人还不跟你拼命，要出多少抗税事件?！但实际情况是，没有出现激烈抗税，99%以上的应收税款都收到了（那不到一个百分点的未收部分是由于房主迟迟未出现，征管部门还找不到纳税人）。这个情况也很好理解，能住独立别墅的富裕人士，犯不上为一年区区几千元、一两万元房产税来抗税和拼命，他们具有这种税负的支付、承受能力。

当然，今后完成相关立法实征房地产税时，还是需要细致审慎的宣传、沟通，防止出现抗税事件。对不同意见者，应当鼓励他们把不同利益诉求做出理性表达。不能陷于意气用事的低水平互相攻击别人观点，甚至叫骂泄愤，理性讨论非常必要。我们可以不同意对方的观点意见，但是要捍卫对方发声的权利，进而寻求共识和在改革推进中形成建设性的意见和构想，这才是共和的精神和现代文明的表现。

扩展阅读：各家之言（摘录）

专栏之一

房产税的作用及改革方向与路径、要领

贾　康

一、房产税改革方向与正面效应

（一）中国税制改革面临的突出问题呼唤改革

在中国经济社会转轨过程中，税制改革是无可回避的，而且它会带来正面效应。税收面临需解决的问题中至少包括：第一，中国直接税比重偏低的问题已经不容轻视，而房产税改革是渐进提升直接税比重和相关的配套改革的一部分，可以优化中国税制的发展建设。第二，中国市场经济所需的分税分级财政体制在 1994 年框架建立后，至今还有很艰巨的深化改革任务，主要是由于省以下的分税制改革一直没有到位。如果要把改革逐步推进到省以下分税制的贯彻落实，就不可能绕过地

方税体系建设问题，这也需要房产税制度建设。第三，还有公众关注的房地产调控问题：要体现出“调控新政”的治本水准，制度建设是不可忽视和回避的，而使保有环节的税收成型并与土地开发、房产交易环节的税费合理协调，是制度建设的关键。第四，中央近期以国务院批复的形式对三部委在收入分配方面如何优化和改革提出了指导意见。该意见在针对收入分配矛盾凸显方面的制度建设中，也包括房产税改革。在此对房产税的要点以及税改大方向下需要关注的路径选择、渐进推动、改革要领等问题做简要讨论。

1. 直接税比重偏低，与低收入阶层“税收痛苦”有关

人们已越来越多提到税制方面直接税比重偏低，间接税比重偏高的矛盾，并已体现在现实生活里中等收入阶段民众“端起碗来吃肉，放下筷子骂娘”的心态和对于当局的压力上。在早些时候，公民的纳税人意识尚没有上升到一定水平，因此对于税收负担问题大都浑然不觉。但近几年民众在纳税人意识方面有了显著提升，例如听到说馒头里还有税、月饼里还有税，民间的怨气很大。实际上间接税在消费品里几乎是无处不在的。财政部、税务总局都用大量数据反复论证说明，中国国内的宏观税负绝非高得离谱，目前中国的宏观税负大体上就是发展中国家的平均水平，明显低于发达国家。但这还并不能够否定中国民众感受到的税收痛苦问题。这种痛苦最主要的来源其实就

是间接税。间接税成为国库收入的主体部分，就意味着消费大众是国库收入的主要贡献群体，而消费大众的主要构成部分是低中收入阶层。这些税负的转嫁与归宿涉及很复杂的经济分析，精确计算出某一个具体的消费品在不同阶段的税负演变十分困难，但总的来说，每个消费品里或多或少都含税。而给国库做贡献的主体——消费大众中的低中收入阶层，是在恩格尔系数还很高（较大部分收入用于满足基本生活需要）的情况下让渡了他们的物质利益。这是生存资料层面上的让渡，也是痛苦程度很高的让渡，所以税收痛苦的问题其实是无可回避的。媒体上所谓税负“集中于”中下阶层并非笔者原话，“集中于”的说法有点太简单和直接，但现在间接税为主的税制框架下给国库做主要贡献的群体是中国消费大众，而且其中大多数是低中收入阶层的观点是成立的。有些管理部门在概念上对这种实际的税收痛苦问题尚没有很清晰的提炼，但这是我国走向和谐社会和追求长治久安所不能忽视的一个深刻的社会负担问题。

2. 党的十八大明确要求构建地方税体系

目前，我国的地方税体系远未成型。党的十八大已经明确要求在加快财税体制改革的前提下构建地方税体系。从全局范围来看，如果没有像样的地方税体系，那么中国要建立和市场经济匹配的分税制财税体制就是一句空话。1994 年建立的税制框架运行和演变至今，从中央到以省为代表的地方之间分税制的维系，主要是靠共享税的“一刀切”，它规范了从北京、上海到西藏、青海的税收分享标准：在主要税种上，增值税75%归中央，25%归地方；营业税名义上全归地方，金融机构的营业税则按照隶属关系划分。这种共享税为主的框架，还是维系了分税分级的基本规范性，但省以下的规范性则严重缺失。如果把各个省级行政区的省以下体制列出一览表，发现即使是发达地区，也没有真正进入分税制状态，而是五花八门、复杂易变、讨价还价色彩仍很浓厚的分成制和包干制。这几年批评之声不绝于耳的地方基层财政困难，地方天文数字的隐性负债，还有大家不断抨击的短期行为非常明显的地方土地财政倾向，其中确实有体制原因，但并非是1994年分税制改革造成的。因为省以下的各层级间财政体制安排并没有真正落实分税制。正是省以下的财政体制仍然在延续着种种规范性极差的分成制和包干制，才和种种因素一道导致了基层财政困难、地方隐性负债和土地财政等等不良问题。解决这个问题，出路就是使省以下的财政体制实际贯彻分税制。前文已论证，我国实际贯彻分税制的前提是财政层级结构扁平化。五个财政层级的分税制无解，但如果通过省直管县、乡镇综合改革，把财政实体层级扁平化到中央、省、市县三级，无解就会变成有解，山重水复就会变成柳暗花明。要在这三个层级里推行分税制，在现阶段一定要抓住不放的就是党的十八大提出的构建地方税体系。地方税基的合理化、主体财源支柱税种的建设，与最适合地方掌握的不动产税或房产税有着紧密联系。

（二）中国房地产调控和收入分配状况呼唤改革

1. 中国房地产业的调控效果亟待提升

如果把房地产业和建筑业整体作为国民经济的重要组成部分，可以说依然是未来几十年中国城镇化发展途程中的国民经济支柱产业。但房地产业的发展除了市场化轨道之外，还有基本保障轨道。这两者必须在市场经济环境中协调统筹而共同引导房地产业的健康发展。房地产调控新政运行几年以后依然矛盾重重，今年"两会"前"国五条"提出20%住房转让个税要从严执行，一下引起了轩然大波。处理好这种矛盾需要系统性地理顺相关制度和政策，整合优化从土地开发环节到包括住房在内的不动产交易环节，再到住房的保有环节等整个流程中的所有税费，推行合理配套的改革。房产税改革是整个税改重要的内在组成部分，它关系到国民经济的支柱产业健康发展而形成长久的支撑力量，也涉及千家万户的实际利益以及整个局面的和谐稳定。

2. 收入分配和财产配置问题无可回避

收入分配效应与中国改革开放以来的财产配置演变紧密相连。收入与财产这两个概念在目前的收入分配格局里如影随形，很多收入现金流是和财产配置以后产生的收益、溢价和影响力密切相关的，而且由于财产配置的作用，致使很多社会成员实际收入的差距进一步扩大。其中有一个更深刻的也是民怨很大的问题，就是收入分配、财产配置秩序的紊乱和不公。对于老百姓而言，一些杰出的企业家、杰出的科学家和体育界、文艺界的成功人士有高收入或得到重奖是可以接受的，最令人气愤的是不公与腐败问题，但今天先抛开不公和腐败的问题看，在与住房相关的财产配置领域中，仅仅由于理财路线的不同就可能导致差异悬殊。比如有两人都是1977届入学的大学毕业生，假定两人这几十年收入，家庭赡养系数和其他条件都完全一样，只是理财路线不同：一人把满足当期消费以后剩下的钱存入银行做储蓄；而另一人是把可用的钱再加上其他金融杠杆用作买房的首付，在房地产市场一轮一轮操作。几十年下来，前人的储蓄可能在北京还买不了一套好房子，而后一买房人可能现在已经拥有至少几千万甚至亿万级的资产存量了。目前中国很多"普通人"手上的资产存量其实是很大的。导致收入分配差距扩大和中国当前财产配置格局两极分化的最主要原因之一就是住房所形成的资产存量和存量溢价。有一位从农村来北京工作多年后仍无北京户口的人士，2006年年初花40万元在北京买了一套小户型期房（当时在建中），至2013年房子市价是140余万元，这使他感叹："北京真是一座神奇的城市！"如果没有财产配置因素，仅靠农村收入和入城后打工收入增长的前提，个人财产升值100万是不可想象的。收入分配已在极大程度上牵动着人心和整个社会的物质利益演变。

（三）实施房产税改革的正面效应

处理好房产税改革和制度建设，至少会带来四个方面的正面效应：

第一，房产税改革渐进实施后，中国直接税的比重会有所增加，可以提供降低流转税税负的条件，从而降低中低端收入者的税收痛苦。第二，房产税改革可以助力解决中国地方税体系不成型的问题，为地方提供支柱税种，进而落实省以下分税制，促使政府职能转变和市场经济健康化。房地产税的概念可宽可窄，广义上房产税是指和房地产相关的所有税收，狭义上是指不动产保有环节的税收。美国人把不动产税称为property tax或real estate tax。它是美国地方政府最主要的税，来自住房保有环节，而且每隔一段时间就要重评税基，由地方通过立法程序和每年的预算程度决定具体征收方案和税率。房地产税成为地方政府最主要财源，使得地方政府只要维持好市场经济运行，优化本地投资环境，提升本地公共服务水平，财源建设问题自然而然随之解决——在这种努力下，辖区内的不动产进入升值轨道，地方政府也就不用侧重于短期行为和其他财源去解决主要的支出资金筹措问题。只要地方政府踏踏实实、不偏不倚地发挥好市场经济所要求的职能，整个财力分配体系里的支柱财源问题就一并解决，这是由内生因素引致的职能转变和激励—兼容式优化的制度建设。第三，促使已实施的房地产调控新政体现其应有的“治本”水准。房地产保有环节从无税到有税，可以预见，会有很多正面效应，配合其他的变革，会使新型城镇化更为健康。第四，房产税还可以优化收入再分配和财产配置，抑制两极分化，缓解一些这方面的矛盾因素。

总之，房产税制度建设在全局之中关系着政府所追求的长治久安、可持续发展以及党的十八大以后明确提出的中国现代化的“中国梦”。

二、房产税在中国开征的可行性

房产税在许多场合收到了否定和批评意见，下面对几种有代表性的意见和批评做一回应。

（一）土地出让金问题

有观点认为，取得住房时，下面的地皮已经在开发环节收了70年使用权的出让金，到保有环节如果再每年征税，就是重复征收。但在现代经济生活中，只讲税制本身就有重复因素：中国目前实际开征的税有 18 种，其他国家可以有二十几种、三十几种，中国和其他这些国家都是多种税、多环节、多次征。比如企业在流转环节交税后，对所得进行核算，还要交企业所得税，其后发给员工的工薪收入，还要再交个人所得税，特殊的还有车船税、各种行为税等。目前这种复合税制本身就包含重复征收因素，所以这里的真问题不是允许不允许重复征收的问题，而是重复得是否合理的问题。何况实际上土地出让金不是税而是租金。国家政权体系作为土地终极所有权的代表者，凭借所有权可以对使用地皮的使用者收取地租。但国家政权体系同时也是社会管理者，它又可以凭借政治权力，经过立法批准，对不动产的实际使用者征缴这种体现为利益调节让渡的税收。租和税可以合理匹配，并不互相排斥，二者只能择其一。一国制度设计应该使它们并行不悖地适应整个调控体系的优化。其他国家的时间经验也早已验证了这一点。

（二）土地终极所有权问题

土地终极所有权问题很值得关注。因为有许多人，包括颇有影响的人士反复强调：其他开征住房保有环节税收的国家是土地私有制，而中国是土地公有制，所有建成区的地皮都是国有的，在国有土地上对使用者征税在法理上有硬障碍。实际这个论点不能成立。理由是：第一，国外这些市场经济体并不全是土地私有制，以老牌工业国英国为例，英国有很多形式的公有土地，包括中央政府层级的公有、地方政府层级的公有以及公共团体的公有，也由规范的交易形成地皮使用权。英国有的地皮长达999年的使用权，实际上已经对终极所有权形成了虚化。但从法律的角度看，英国的土地公有和私有界定很清晰，并非土地私有制一统天下。房地产税在英国叫council tax，它是在地方层面房屋保有环节的税收，类似于美国的财产税或不动产税的税收，是全覆盖的。英国土地所有权分两种，一种叫作free hold，一种叫作lease hold。Free hold就是所谓终极所有权，lease hold就是必须签一个最长为999年试用期的租用协议取得使用权，但保有环节税收对于这两种情形是全覆盖的。所以，国际经验无法证明只有土地私有才可以征收不动产税。

另外，中国可以回顾自身的改革历史。为什么中国在20世纪80年代下决心对国有企业开征所得税？如果按照国有制就不必征税的逻辑，中国就不该对国有企业征收被称为直接税的所得税。当时的解释是：虽然企业最终产权是国家的，但是作为市场主体的国有企业，具有自己相对独立的物质利益，是具有相对独立物质利益的商品生产经营者，国有企业应该和其他的市场主体一样在市场中公平竞争，否则“社会主义有计划商品经济”建设就缺乏最基本的微观基础，所以必须解决国有企业和其他企业一样给国家上缴所得税的制度建设问题，这种情况下两步利改税也就应运而生。同样，在目前土地终极产权是国有的情况下，它上面每一个不动产的具体使用权的保有者，有自己相对独立的物质利益，如果通过立法认为对这样独立的物质利益需要加以税收调节的话，国家完全可以凭借自己的政治权力征税调节这种物质利益的状态与格局。所以，土地终极所有权问题也不构成开征土地保有环节税收的法理障碍。

（三）"新老不平"问题

一部分土地出让金是开征房产税之前在没有其他变量加入时按较高的标准缴纳的。实行房产税改革以后，新形成的土地出让金水平可能会下一个台阶，有人说如果开征房产税，则有失公平。解决这个问题可以把新老地皮划开，老地实行老办法，新地采用新办法。具体实施细节还需要通过方案设计来处理，但这并不会成为多大障碍。我国基本养老社会保障把人按不同年龄段分为老人、中人和新人，老人实行老办法、中人实行中办法、新人实行新办法，这是中国已有的经验，土地出让金问题也可以采取类似的区别处理。政府完全可以从中国渐进经济改革中总结已有的经验，并提出可行方案。

（四）评估管理问题

有观点认为房产税的评估管理过于复杂，中国人做不了。实际上房产税评估管理不会比已经运行 10 年的物业税模拟评估“空转”征收的管理复杂多少。模拟评税试点的十处地方，首先把所有的不动产确权，然后把每一处的地段、面积、楼层、朝向等相关数据输入计算机，由软件处理程序自动生成评估结果。在借鉴国际经验的基础上，中国在这种事上更有后发优势。过去一百年，没有计算机的时候，国外就通过选举社区内大家认为有公信力的人，在有两人以上的情况下登记数据等进行税基评估。如今通过计算机软件程序生成房产税的税基评估值，前期工作可能会稍微复杂一些，投入成本高一些，但对中国而言，这个问题不存在技术难度。“模拟空转”软件里是把不动产分成制造业不动产、商业不动产、居住不动产三类，只需要输入数据后给一个指令，就可以自动生成评估结果。如果在实际操作、管理过程中，当事人不认可评估结果，可以通过仲裁来解决。

（五）小产权房等问题

小产权房是“中国特色”的棘手问题。如果真正征收房产税，小产权房看似很难处理。但征税却恰恰是推动小产权房问题得以解决的制度建设因素。如果北京也进入房产税改革试点，那么北京的几十万套小产权房问题就会迫使官方表明态度，抓紧通过调查研究把几种小产权房分类区别对待，拿出方案，争取一次性把小产权房这类历史遗留问题解决掉。

三、保有环节税收与房地产业的健康发展

（一）中心区土地的自然垄断性质与不动产价格曲线

城市（中心区）地皮的性质是自然垄断。有观点认为只要实行土地私有化、放开市场，让需求、供给双方自由竞争，地价、房价等就会回归平稳。这种分析缺乏真实依据，因为实际上各方要争夺的资源，并非960万平方公里内均质的、可以随意替代的、互换的土地，而是已经形成城市的中心区地段特别具有稀缺性的地皮，所以中心区的土地资源就形成了自然垄断。以“寸土寸金”的王府井为例，如果张三占有这块土地，那么李四就无法占有，也找不到替代物，这就是自然垄断。典型的自然垄断现象还可以列举日本案例：日本在二战后土地私有化实施比较彻底，但由于钉子户存在，东京成田国际机场到现在都没有建成第二条跑道——不管政府报的出价如何，钉子户就是不肯卖，第二条跑道也就建不起来，这即是所谓自然垄断，

无关公有或者私有。由于以黄金地段为代表的中心区地皮具有自然垄断的性质，因此在城镇化快速发展的历史过程中，中心区不动产的价格曲线总体而言一定是上扬的，没有任何因素能改变这条曲线的基本模样，政府所能做的无非是使商品房价曲线斜率不要太陡峭，也不要在演变中剧烈地大起大落或者产生过多泡沫以至于严重影响社会和民生，同时必须提供保障房解决地段居民“住有所居”问题。

（二）房价与地价：先有鸡还是先有蛋

讨论了自然垄断的概念后，另一个应在认识上明确解决的就是在城镇化过程中，从住房的市场轨来讲，有观点称房价和地价关系就像是先有鸡还是先有蛋的问题，很难分辨。但房价与地价并不是“鸡生蛋、蛋生鸡”如何排列先后顺序这个类型的问题。作为满足消费需求的具象化目标，住房在黄金地段的升值趋势是自然垄断情况下所有因素的共同作用使然。但分析中可知：如果是地价决定房价，那么只要控制住中心区的地价，房价就是趋于低稳。但实际上即使政府强力控制地价，房价也会受市场供需和竞争影响而继续上扬，所以政府严控商业化项目地价的结果，只能是使中间开发环节取得更多暴利；另一方面反过来想，由竞价形成的下一轮地皮价格导致地价比上一轮房价更贵，看似不合理，但在对自然垄断物公平竞争的前提下，下一轮“面粉”比上一轮“面包”卖得贵是可以有道理的——竞争中如果开发商高价拿地而商品住房价格上不去，那么只会“砸在自己手里”让他自身蒙受损失，这是在逻辑上合乎情理的市场约束与平衡。所以从根本上讲，房价是决定地价的，只是在现实生活中两者的关系往往直观表现为扑朔迷离的互动过程。

（三）保有环节税负对供需双方及平衡状态的影响

研究保有环节税负对住房市场供需的影响，首先要考虑在保障轨上形成有效供给，让低中收入阶层家庭“住有所居”，然后才能从容分析处理市场轨上的供需问题。从需求方面看，如果自主者对保有环节的税负有情形的预期，在做购房决策时就会更考虑实惠，一般的购房自住者将继续倾向于按好的地段与合意的朝向、位置购房，但会更多选择中小户型。另一类购房者是把买房看成购买商业性的社会保险，这在经济上有道理，但房产税的出现会改革一部分长期持有者对于控制住房无所谓的态度，以持有成本的压力迫使其出租自持的房屋，从而减少空置率。无论是因房产税导致的小户型倾向还是空置率降低效应，都是值得肯定和应该追求的积极、正面因素。另外一种购房者作为需求方是大量买进与卖出的炒房者。有观点认为炒房者并不在乎一点房产税，因为这部分人是获高利的。但其他人行为的改变会影响炒房者，使之收敛自身的行为，如原来炒30套、40套的人，现在可能炒10套、20套；原来炒10套、8套的人，现在可能只敢炒5套、3套，因为炒房者要跟随市场走，市场总体的氛围总会随房产税的推出而趋于稳定。另外，市场上接盘的人有相当大部分是自住，自住者又主要需要中小户型，那么上述的种种因素会促使供方的开发商顺应市场需求结构的变化而在建设安排上使中小户型增加。而从供给优化的角度来看，使开发商为适应市场需求更好地集约利用土地，提供更多的中小户型，正是调控应追求的正面结果。这样，土地集约化利用水平上升，同时空置率降低，可用资源在租房市场上更活跃，于是社会中即使并不增加一分钱投入，也会使市场供给量增加，资源配置更合理，客观上使配置综合绩效上升，市场上更平衡、更沉稳、更少泡沫。

这样综合考虑，房产税会使得不动产的价格曲线在不改变基本模样的同时，减少市场泡沫，平缓价格的起伏，有利于提高不动产业发展中的健康程度。

有一种观点强调房产税对房价影响不大，这种说法有一定道理，但如讲房产税对房价没有影响，就过于绝对化了。房产税对房价肯定有影响，但这种在保有环节的税收并不能起到“定海神针”的作用。单纯依靠房产税不能就使房价低平，但这并不意味着房产税对房价没有影响——前述分析是表明房产税通过影响供需双方的选择，自然而然地使房价具有沉稳特点的这种效应。实际的房价，是这种效应与其他各种不同方向的效应对冲和形成合力的结果。

对这几年的“调控新政”，应肯定调控中间还有很多的不得已不完善的因素，需要去减少这些不满意因素，但不能否定调控的作用。“越调越高”这个命题是有误导的，如果不调控，房价不知道要发展成什么样子。如果不调控就会更高，通过调整压抑里面的泡沫，使这个曲线的倾斜率降低了，所以，不能简单地说否定调控，正因为有宏观调控，一些城市房价过快上涨势头得到了遏制。但要说，更有长效机制性质、更合理的房产税制度建设的推进还显得缓慢无力。

四、房产税改革大方向下的框架把握与路径选择

显然这一项争议明显的改革只能渐进，并要鼓励先行先试。上海和重庆对房产税改革正在试点。这两个地方敢为天下先，在渐进打开局面上的意义和作用，十分值得肯定。从2012年的年度改革文件到国务院不久前给三部委批复的收入分配文件中，都明确提到要适时扩大房产税改革试点范围，这是房产税改革的官方取向与态度。但房产税需要和房地产开发建设整个流程中所有的税费在一起进行通盘优化。房产税改革背景上值得特别注意的是双规统筹框架。李克强总理已提到，

要下决心再建1 000万套保障房，这就是保障轨的托底安排。如果托底基本到位，那么商品房房价波动就不会造成太有“杀伤力”的影响，也可能逐渐就不会被社会各方看作是“民生”的核心指标了。房产税改革双规统筹整合税费中，还要顾及全流程协调，比如交易环节税收的设计等。这次“国五条”颁布以后，住建部表态严格按照转让差价所得的20%征税，但还应该同时合理设置住房持有时间等重要界限。以前是以持有房产五年为界区别对待，对五年之内、五年之外采取两套办法，这种方案比较合理。国际上也有类似的经验，如通过把不动产持有期量化分段，设置前高后低税率来抑制短期炒作，为改善性的需求提供相关的市场机制。如果在交易环节上推行税收改进，能够通盘考虑与保有环节的税收改革呼应，决策结果可能会让更多人满意，效果会更好些。

五、房产税改革中的若干要领

首先，在我国，保有环节的税收不能简单套用美国的普遍征收模式。中国在可以预见的很长时期内，必须要坚持住房保有环节税收只是调节高端，否则房产税改革的阻力就会大到无法进行。以公职人员为例，在国家机关的人，一年到头非常辛苦，也不受劳动法保护，工作状态是“白加黑”、“五加二”，这部分人最大的实惠就是前几年房改以后，得到了单位所分房屋的完全产权。如果对所有房屋征收房产税，这些人也就会激烈反对。所以要尽早明确基本住房不征税。应可以不管家庭富裕程度如何，独立别墅除外，对第一套房都不征收房产税，这样给全社会吃一个定心丸。即使是富豪，即使第一套房是300平米豪华公寓，也给予免税，这有利于使这种税制框架在中国顺利成型。至于已有按“人均面积”的操作思路，不论是社科院报告提出的人均40平米，还是提到60平米，80平米，都存在一个网上“假设情境”提出的问题：假设一家三口，每人40平米，一套房子刚好120平米不缴税。但孩子不幸去世，三口人变成两口人，正当二老悲痛欲绝时，税务人员“当当当”敲门通知，你们家的情况已经变化了，需要缴房产税了。上述假设给出的启示就是确实还有些特殊情况和“人情”因素，考虑这些情况，中国的房产税设计可能需要更放宽一点。如果这一套房不征税，第二套房也可以税率从低。就中国现在的普遍情况来看，第二套房征收税率从低具有一定合理性和可行性。但对于第三套、第四套，甚至更多套的房子，就不必给予税收优惠了，应该一丝不苟征收。这样就可大体解决好调节高端的问题，也给每个社会成员在基本住房和居住条件改善方面吃了定心丸。

其次，政府管理部门应该开明地披露一些相关信息。有关部门对于房产税前期的探索情况讳莫如深，如搞了很多年的模拟空转情况当作机密只字不提。其实如果不涉及具体数据，仅就评估方法等问题完全可以公开探讨，而且渐进改革本身就允许实验。既然是实验，就应该披露一些基本方案和套路上的考虑，比如前面提到房产税评估管理软件中的三种模型，探讨具体在实践中如何管理。

另外，要鼓励不同利益诉求都做出意见表达，不能陷于意气用事低水平相互攻击别人观点甚至叫骂泄愤，理性讨论非常必要。讨论中可以不同意对方的观点，但是要捍卫对方发声的权利，这才是共和的精神和现代文明的表现。

现在，还需要援引和学习邓小平的改革智慧，有些东西不能陷于太多争论，而要大胆试、大胆闯。虽然顶层设计和积极立法需要强调，但是先行先试是不可避免的，要允许有弹性空间上的探索。

最后，要说到党的十八大是个很重要的历史关口，应该学习借鉴美国“进步时代”的进步历程。进步时代的美国，最典型的特征是他们并没有正面设计和推行政治体制改革，但从起初的混沌状态到崛起为世界头号强国的很重要的四十几年历程中间，美国建立了现代意义的税制、现代意义的预算制度、现代意义的公众意愿表达机制，积极发挥了媒体作用，在媒体和公众批评中完善了法制建设，把政府行为也规范化制度化。综合上述因素，美国就基本上解决了走向现代法治、构建宪政的基石性制度建设问题。公共资源配置中的税收和预算，是显而易见无法回避的，也是从管理角度切入而各方无法拒绝的、全局看必不可少的制度改革进步因素。税收和预算方面的改革，无论是正面通过政治体制改革还是从侧面以加强与完善管理切入，都必须解决。中国曾有学者讨论过美国进步时代的启示，鉴于目前中国的渐进式改革形成路径依赖的情况和政治体制改革正面推进的难度，党的十八大以后并不会很快看到政治体制改革方面的全套正面设计。但却可以抓紧时间，从各方面都很难拒绝的管理角度切入，尽力通过公共财政建设、税制建设，提高预算的透明度、完整性，以及提高公众参与度，推动法制建设，加强权力监督，优化公共资源配置机制，取得实质性的宪政化结果。在走向现代化中国的过程中，包括房产税改革这类“硬骨头”事项的税收，意义非常重大。在这个历程中，税制绝不会是万能的，但不能因为税制不是万能的就低估它的作用，没有税制建设和改革是万万不能的。

（原文刊载于《国家行政学院学报》2013 年第 8 期）

专栏之二

房产税改革的推进要点

贾 康

缘 起

在我国现行税制下，房产税是以房屋为征税对象，按房屋的计税余值或租金收入为计税依据，向产权所有人征收的一种财产税，征收范围限于城市、县城、工矿区、建制镇。对于自用的按房产计税余值征收，对于出租的房屋按租金收入征税。目前对个人非经营性住房暂免征税。近年来，我国加快了房产税改革的进程。2011 年，重庆与上海几乎同时宣布开展个人住房房产税改革试点，并公布了试征房产税的方案细则，自此，房产税再次引起社会各界的强烈关注。

我国目前以房地产制度、财税制度等一系列改革作为组成部分的全面改革，已进入深水期、攻坚期。全面改革的大方向已经明确，关键是进一步提高实施方案的可行性。这需要我们以更大的决心、勇气和智慧提出可行方案，在正确方向下推进实质性的改革进程。有关管理部门的改革文件已多次明确规定要扩大房产税改革试点，表明这一改革方向已经被锁定。但要提高实施方案的可行性，还需要对其做出更为合理化的设计。比如，前一段时间热议的“国五条”中关于交易环节严格按照 20%征税的内容，虽然原来就有这样的政策框架，但这一次很多人感觉难以执行，就是因为没有实施的细则，也没有配套的政策。结果导致很多地方出现抢搭末班车、在政策细则没落地的时候赶快成交的情况，一度形成了房产交易的井喷行情，甚至逼出了荒唐的离婚潮，这就是政策与信息都不配套所造成的副作用。在这种牵一发而动全身的事项上，调控和改革必须做好顶层设计，注重理顺机制，全面协调，才能够让好的动机取得好的结果。

目前，对于房产税改革的一些相关情况和认识值得我们认真考虑

第一，中国居民住房自有率的水平很高，但是差距在拉大。福布斯有一个调查结果披露，中国富裕阶层至少 40%有 3 套以上的住房。北京大学的调查结果也显示，近九成中国家庭

拥有产权房，超过10%的家庭拥有两套以上的住房。这些调查结果精确不精确可以讨论，但是中国在高住房自有率的基础上，自有住房的差距确实在拉大，这是需要得到税收等经济杠杆调节的。

第二，在住房方面遇到困难的主要是什么人？现在问题最突出的是城镇低收入阶层和收入夹心层。特别是进城的原农村居民。农民工也要有地方住，但“住有所居”靠什么？“收入夹心层”觉得自己应该过体面的生活，但是到了买房的关口，往往力不从心，千方百计买了房的人不得不当“房奴”，可能更多的人是望房兴叹。所以，在城市中心区商品的房价不可能压得很低的情况下，必须大力增加对低收入群体的保障房供给，并对他们采取合适的“宜居租房”机制。

第三，作为国民经济重要组成部分的房地产业的健康发展，需要相关税费的整合式通盘改革。税费的作用，既可以减少房地产市场泡沫，抑制肆无忌惮的炒作和提高土地集约利用程度等，又可以为地方税体系的健全和收入分配、财产配置的优化提供正面效应。在保障轨和市场轨的“双轨”统筹下，从不动产开发到住房交易，再到住房保有各个方面的税费的合理化整合，不可避免地应包括在住房保有环节的税收要从无到有。

第四，我国对消费住房的房产税可否实行“普遍征收”？这直接涉及房产税改革的方案设计思路问题。笔者虽然一向力主推进房产税改革，但一直强调主要是调节高端住房消费。作为牵一发而动全身的改革，在这个事项上只调节高端的原则非常重要，应及早明确，给全社会吃"定心丸"。美国式的"普遍征收"不适合中国国情，会使这一改革无法施行。在可以预料的历史阶段内，只应当是"高端征收"。也就是说，开征房产税时应该有"梯级差别"，比如第一套住房不征收，或是人均居住面积的指标应该放宽松一些予以免税，第二套住房税率可考虑从低，第三套开始再按标准税率征收，这样可以给房产税的框架建立和征收工作减少阻力，使之较为顺利地推进。至于那些因房产税经济负担作用由空置转为出售或出租的房子，可以减少房屋空置率，提高租房市场上的供应量，从而平抑房租的涨幅，是明显的资源配置优化和提效。

第五，是什么人在反对房产税？一是一些开发商，但客观地讲，不是全部开发商都反对，比如潘石屹就明确认为对三套以上的住房征房产税是很有必要的。二是一些学者，见仁见智，各有其主张（这里不展开讲）。三是网民，其中大多数是年轻人。网上活跃的这些年轻人，主要是应该得到保障房供给的中低收入人群，而我们讨论的房产税如果明确是调节高端住房消费的话，本来不会跟他们有什么直接关系，但是他们心目中的预想是，只要有可能就要买自己的产权房，如果进而要被征税，就要坚决反对。同时，由于调控当局"定心丸"没有送到位，个人理解不同，往往导致民间反对房产税的声音很大。

四是很多官员对房产税改革持反对意见。在当今中国，从中央到地方的官员一般都有好房、大房，还有不少人有多套房。是不是有多套房子的官员都有违规行为？那也未必，多数还是各种历史因素造成的。但这已形成了现在的既得利益群体。所以，我们要化解既得利益的阻碍，按总书记说的，“突破利益固化的藩篱”，把房产税改革往前推，最大限度地化解对立因素，在渐进改革中徐图实际进展。

另外我们注意到，前一段时间很有影响的一种建议，就是应该把重庆、上海两地的试点先停下来，由人大立法以后审批通过，然后全国一起实行。这样做会怎么样？我想对比做几点评论：第一，这样一个注重立法的思维方向是对的。第二，在有很多争议和很多观点对抗的情形的情况下，由人大立法来解决问题，什么时候有望可以操作？可能五年、十年都难以争出眉目。现在存在如此剧烈的矛盾冲突、带有如此强烈感情色彩和观点争议的房产税要立法的话，怎么把它的立法和中国改革的推进相对接？我们无法回避这个问题。第三，中国正处于急剧转轨的时期，把一些初创期的规则强称作“法”，也无法保证其严肃性，这是改革推进过程中必然会面临的问题。

党的十八大之后的改革机遇是极为宝贵、极为重要的，人们期盼了这么久，终于听到决策层这么强烈的改革信号。我们都在关注今年的改革文件突出什么重点，并更多地关注党的十八届三中全会的指导文件，因为这关乎国家前途、民族命运。未来中国很多的改革事项怎么制定实施规则？都等着立法是等不起的。

考虑到理想和现实的矛盾，有必要学习邓小平的改革智慧，对大方向有判断之后，在改革的实际步骤方面应减少争论和允许先行先试。有些事情形不成共识，总得允许先行先试。在顶层规划提高水平的同时，要特别给出信号，允许继续摸着石头过河，待经验积累到一定程度的时候，才可能由改革的“红头文件”上升为“暂行条例”或“条例”，再以后，有了一套基本稳定成熟的规则了，才有望上升为“法”。

（原文刊载于《光明日报》2013 年 8 月 30 日）

专栏之三

渐进式推进个人房产税改革

蒋　震　高培勇

一、房产税改革的基本原则

推进房产税改革应当坚持以下基本原则。

第一，社会矛盾最小化原则。我国现实的社会矛盾源于利益格局不平衡，现有利益格局的形成源于两个方面。一方面，流量层面的收入分配问题。原因有四个：一是“分配不公”，即现实中不规范的收入分配秩序；二是市场主体所拥有的资源禀赋条件不同所必然产生的收入差距；三是部分行业垄断所导致的收入分配不公；四是土地、国有资源和国有资产的非正常处置。另一方面，存量层面的财富分配问题。这是收入分配问题在存量领域的延伸。财富分配不平衡的问题日渐突出，部分人拥有了较多财富，房产是其中的重要形式。

一旦房产税改革继续推进，课税对象的范围和免征额设定都会影响到不同阶层群体的利益，由此可能引发的社会矛盾更加多元、宽泛。例如，一旦采用全覆盖方案，相当比例的人民群众都会受到影响。另外，房产税须采取与增值税等大为不同的征管模式，广大人民群众会直接面对税务机关，直接使得税收负担显性化。当前是一个特殊的社会转型期，社会各领域都不可避免地积累了一些矛盾，甚至激化引发群体性事件。为了顺利推进房产税改革，须坚持社会矛盾最小化原则。我们不主张采用过激的改革措施而将过多的利益相关者“赶入”房产税税基，避免与其他领域社会矛盾叠加，防止现行利益格局受到过于剧烈的冲击而激化社会矛盾。这不仅是房产税改革的基本逻辑，也应是我国全面深化改革的基本准则。

第二，稳定税负原则。这包括两层含义：一是稳定宏观税负。党的十八届三中全会作出了“稳定税负”的重要部署。同时，需要求得税制结构优化，在推进房产税改革的同时，推进增值税等间接税改革。因此，房产税改革不宜“一蹴而就”，需要给其他税制改革留出充分的时间和空间。可以说，两方面改革并行不悖、相得益彰。二是房地产领域的现有税负水平至少要保持稳定。这要求将现有房地产开发、交易、保有环节的税费进行归类、清理、整合，将之平移至房产税制度。对开发、交易环节实行轻税，提高保有环节税负。

第三，调控房地产市场原则。推进房产税改革应考虑到广大人民群众的正常投资需求，对房地产投机行为有所抑制。应促进房地产投机者形成一个正常的投资预期，加速投资者释放过多的存量住房，以增加住房供给水平，助推房价回归正常区间。

第四，兼顾不同类型房产的原则。如果我们将房产税改革之前的已建成住房称为"旧房"，之后的新建住房称为"新房"，如何处理"旧房"和"新房"的关系也成为一个需要考虑的重要问题。"旧房"又可分成若干种类型，例如经济适用房、限价房、"房改"房等。一旦推动房产税改革，如果对不同类型房产不加区别，势必会引起重复征税（费）的问题，需要在改革中予以充分考虑。

第五，转变社会管理方式原则。我国传统社会管理方式通常是"以单位管人"，随着经济主体多元化的趋势愈加明显，这种管理方式已经难以适应社会管理的需要。很多情况下，主管部门发现，一旦某些人脱离了单位约束，就难以对该群体实施有效管理。推进房产税改革中，我们会发现，传统税收管理模式根植于传统社会管理方式，是社会管理方式在税收领域的延伸，它具有"间接＋截流"的特征，以发票管理和源泉代扣代缴为主要手段，以企事业单位的现金流为征税客体，税务机关与自然人之间的联系呈现割裂状态。如果顺利推进房产税改革，就必须建立起税务机关直接面向自然人纳税人的征管机制，这不得不说是税收管理模式乃至社会管理方式的重大变革。第六，增值共享原则。很多情况下，居民住房价值的增值得益于国家提供的公共服务。例如，某个地区由于修建地铁、改善了附近的文化、体育设施，使得本地区内房价迅速上涨；再例如，某个地区由于引入了优质的教育、卫生资源，也导致房价猛涨等等。所以说，从因果关系上来说，房产价值的增值是需要在国家与房产所有者之间分享的，推进房产税改革是一个较为理想的增值共享方式。

二、可选择的三种方案

从国外经验来看，房产税具有一定程度的“受益税”特征，该税应归属于地方税，因此，应在中央主导下，由地方政府参与设计本辖区的房产税改革方案。从我国房产税试点的实践来看，根据课税对象的范围，可将房产税改革分成增量方案、“增量＋高档存量”方案以及全覆盖方案等三种。

三、房产税免征额的设计

有三种免征额设计方案。

（一）人均面积方案

这种方案的免征额设定为人均面积可有两种思路：

一是按照房屋使用权证（以下简称“产权证”）的产权所有人数量进行扣除。假设每人免征额设定为40平方米，某一住房“产权证”由两人共有，那么该房产的免征额为80平方米。

二是按照家庭人数进行扣除。续上例，一套住房由三口之家居住，那么该房产的免征额为120平方。这种思路的关键在于如何界定“家庭”？举个例子，一套200平方米的住房，由祖孙三代五口人居住，如果按照家庭扣除，究竟是按照200平方米来扣除，还是按照80平方米扣除。

从我国试点情况来看，采用的是以家庭为单位计算免征面积。“重庆方案”规定：“扣除免税面积以家庭为单位，一个家庭只能对一套应税住房扣除免税面积”。“上海方案”规定：“本市居民家庭在本市新购且属于该居民家庭第二套及以上住房的，合并计算的家庭全部住房面积人均不超过60平方米(即免税住房面积，含60平方米）的，其新购的住房暂免征收房产税；人均超过60平方米的，对属新购住房超出部分的面积，按本暂行办法规定计算征收房产税……本市居民家庭中有无住房的成年子女共同居住的，经核定可计入该居民家庭计算免税住房面积……”

（二）套数方案

这种方案的免征额设定为房产套数。有两个问题需要明确。

一是免征额套数设定为几套？以我国为例，如果采取套数方案，应该考虑到人民群众的合理住房需求。第一层次是居住性房产（第一套）。所有居住性房产，都不应当征税。第二层次是改善性房产（第二套）。以居住功能为主的改善性房产也不应该纳入征税范围。例如，居民在城里有一套房子，空气不好，就在郊区再买一套小房子用于度假，这种需求我们应该充分考虑。第三层次是投资性房产（第三套）。我国现行投资渠道不畅，资本市场行情不明朗，产能过剩导致的实体投资也难以满足居民需求，导致广大人民群众将房产作为重要投资渠道，这种需求也要考虑。

二是对于拥有多套房产的住房所有人，究竟应该选择哪几套作为免征额。一个辨别房地产投机的线索是，根据持有时间来确定，应该以持有时间最长的房产作为免征套数。

（三）免征价值方案

这种方案的免征额设定为房产价值。这是国外的常规做法。

从美国各州的经验来看，房产税免征额大部分是采取免税价值或者免税比率的方式，前者规定在房产评估价值中减除一定数量的价值，之后的余额便是计税价值。后者是按照在房产评估价值中，按照一定比例扣除，之后就得到计税价值。

一旦结合我国国情，可以发现，在免征额问题上，具有与我自身特色密切相关的线索。

第一，我国城镇化在加速推进，住房消费不断升级，住房价格呈现快速上涨的趋势，如果采用免征价值方案，势必导致税法不断调整。

第二，我国区域发展差距极大，即使在同一个城市，市中心与郊区的住房市场价值也有着巨大差别。如果采取免征价值方案，可能会违背公平原则。例如，一位普通劳动者在市中心拥有一套 40 平方米的房子，假设评估值高达 5 万元每平方米，该套房产总价达到 200 万元；另一位高收入者在远郊区拥有一套面积高达 200 平方米的房产，评估价 1 万元每平方米，总价也是 200 万元。假设采取免征价值方案，设为 100 万元，很显然，两人需要负担的税负是相同的。但是，两人享有的土地资源、住房空间和消费品质差别很大，这是不公平的。进一步说，如果这位普通劳动者的房产是在 1998 年住房市场化改革时购买的单位“房改”房，一旦开征房产税，他可能面临“无钱可交”的困境。

第三，采取套数方案也违背公平原则。例如，某高收入者拥有三套大面积的住宅（假设都为200平方米），而一个中产阶级拥有三套小住宅（假设都为80平方米）。如果采取套数方案，假设设定为三套，那么两者面临相同的免征额，显然是不公平的。

综合上述观点，在我国当前的经济发展阶段，免征额宜采取人均面积方案。

四、基本结论

我国房产税宜采取“小步快走”的渐进式改革路径，依赖于现有征管手段，谋求税收征管模式的转变，“先落户、再拓展”，“先城镇、后农村”。

改革方案的选择上，宜采取“增量+高档存量”方案；免征额设计上，宜采取人均面积方案。

其一，避免可能引发较大的社会矛盾。从这一点来说，免征额设计时，充分考虑中产阶级的合理住房需求，避免低收入群体纳入税基。

其二，倒逼税务机关推进征管模式的转变，甚至成为引发整个社会管理方式转变的“牛鼻子”。

其三，改革方案先落户，其后财税部门着手研究制定中长期全覆盖方案的时间表，通过大规模税务宣传，帮助广大人民群众形成理性预期。

其四，其他结构性减税措施要并行不悖、同时推进。房产税改革“小步快走”将为其他减税措施留出时间和空间。在房产税和其他税制改革“此消彼长”中，确保宏观税负处于一个稳定水平。

除此之外，关于房产税改革的探讨还衍生出一些理论思考。

一方面，关注财税体制问题。既然房产税归属于地方税，那么体制问题也就接踵而至。例如，某人户籍所在地是山东，在山东、北京、上海、广州均拥有一套住房。他在缴纳房产税时，免征额究竟应该四个地区平均分配，还是只落在户籍所在地山东的房产名下？进一步说，如果他在山东不拥有住房，那么如何考虑这个问题？可见，这些体制问题需要进一步探讨。

另一方面，关注房产税转嫁问题。如前文所述，如果住房租赁市场处于供不应求的状态，“增量＋高档存量”方案的推出，对房地产市场调控的作用并不能完全起到应有的效果，反而会导致房租上涨，租房者福利受损。因此，在推进房产税改革时，需要考虑如何对房租上涨的趋势作出一定控制，帮助房产税改革实现既定调控目标。

（原刊载于《宏观经济研究》2014 年第 6 期）

专栏之四

房地产供求与演变趋势：澄清一种统计口径 *

李　昕　徐滇庆

不同年份的《中国统计年鉴》"城镇人均住房面积"存在两组数据，一组来自住房和城乡建设部提供的人均住房面积统计，属于宏观数据；另一组来自国家统计局的抽样调查，属于微观数据。2010年之前公布的《中国统计年鉴》均使用住房和城乡建设部的统计。从2011年开始，《中国统计年鉴》发布的"城镇人均住房面积"使用国家统计局的抽样调查数据。以2002年为例，住房和城乡建设部版本的2002年城镇人均住房面积为22.8平方米，而国家统计局版本的城镇人均住房面积为24.5平方米，两者相差1.7平方米/人，即总数相差8.54亿

* 该标题为《改革》编辑部改定标题，作者原标题为《我国房地产供求矛盾中的统计误导》。基金项目：国家社会科学基金重大招标项目"国家统计数据质量管理研究"（批准号：09&ZD040）；国家社会科学基金重点项目"我国居民收入分配份额的统计测算与提升路径研究"（批准号：13ATJ005）。

平方米住房面积。两种数据考察的视角不同，不存在对错之分。然而，使用不同版本的数据对我国人均住房面积进行核算，并以此分析及预测我国住房市场的供求状况，就会存在较大偏差。

如果以 2001 年为起始点，在住房和城乡建设部公布的前一年城镇住房总面积的基础上加上商品房销售面积，减去折旧拆除面积，得出城镇住房总面积，再除以城镇人口，得到时序可比的城镇人均住房面积。估算结果显示，自 2001 年以来，城镇人均住房面积没有增加反而逐年下降。全国人均住房面积从 2001 年的 20.8 平方米降至 2007 年的 18.3 平方米（3%的折旧率）。2008—2011 年，人均住房面积略有恢复，2011 年为 19.73 平方米，依然低于 2001 年的水平。在相当长的时间内，我国房地产市场还将处于供不应求的态势，推动房价上升的压力将长期存在。供不应求将是房地产市场的长期态势，房地产建设至少还有 20 年以上的高速增长，只有当城镇化比例达到 75%以后，商品房建设的速度才会有所减缓。在此之前，如果采用行政手段抑制房地产建设，将违背经济规律，只能将房地产需求推后，加剧房地产的供求矛盾。

（原文刊载于《改革》2014 年第 1 期）

专栏之五

论房产税改革路径的法治化建构

刘剑文　陈立诚

近年来，房产税改革一直是社会关注的热点话题。《中共中央关于全面深化改革若干重大问题的决定》（以下简称《决定》）提出“加快房地产税立法并适时推进改革”，更是将其推到了风口浪尖。然而，房产税改革在理论和实践上确实面临着诸多难题，例如，其主要目的究竟是调节收入分配还是调控房价？与土地产权制度是否存在矛盾？与土地出让金、城镇土地使用税等又如何协调？在税率、免征额等税制设计上怎样兼顾“调高”与“提低”？如何推进不动产登记、财产评估等配套制度建设？客观地说，房产税改革意义很大，分歧很多，难度很高，又涉及人民群众的直接利益和普遍关切，因此在推进上必须慎之又慎。对于这种目标尚处于探索之中的改革而言，在相当大的程度上，改革的方式，而不仅仅是改革的内容，将会决定其能否获得成功以及能够获得多大成功。因此，推进房产税改革，首要问题就在于选择好改革路径，这正是本文讨论的核心问题。

一、路径转型：摆脱行政试点依赖

（一）行政试点的法学审思

行政试点作为我国推行改革的一种惯用方式，在一定程度上起到了有效的“试错”功能，减少了决策失误带来的不必要成本，也积累了宝贵的实践经验，有利于促进税制与经济社会发展相协调。但与此同时，对试点模式正当性、合法性的质疑与批评也在与日俱增。从表面上看，沪、渝房产税改革试点的直接依据是相应的地方政府规章，虽然其突破了行政法规《房产税暂行条例》的规定，但得到了国务院的授权许可，似乎具有法律依据。然而，这种观点其实并没有准确认识到问题的本质。

在展开具体讨论之前，我们有必要先理清开征房产税的立法权归属。根据《立法法》第8条第8项、第9条规定，财政、税收的基本制度属于法律相对保留事项，[①] 只能制定法律，

① 根据《立法法》第9条规定，该法第8条规定的法律保留事项中，“犯罪和刑罚、对公民政治权利的剥夺和限制人身自由的强制措施和处罚、司法制度等事项”不允许先行制定行政法规，属于“法律绝对保留事项”。财政、税收基本制度则属于“法律相对保留事项”。

但对于尚未制定法律的，全国人大及其常委会有权授权国务院对其中的部分事项先制定行政法规。虽然《房产税暂行条例》制定之时《立法法》尚未出台，税收立法权归属尚无明确依据，且《条例》本身也没有相关表述，但从官方表态中可以推知，该条例属于国务院授权立法，而非职权立法。① 历史上，全国人大及其常委会曾在1984年② 和1985年③ 两度对国务院进行税收立法授权。在国务院提请1984年授权决定的议案中，房产税被列入了待出台的4个地方税条例（草案）之中。④ 不过，它最终是以1985年授权决定规定的“暂行条例”形式出台，而非1984年授权决定规定的“条例草案”形式。这表明，《房产税暂行条例》的立法依据是1985年授权决定。

① 例如，相关部委在就房产税改革试点答记者问时明确表示：“《房产税暂行条例》是依据全国人大常委会有关授权决定，由国务院制定的。”参见《财政部国家税务总局住房和城乡建设部有关负责人就房产税改革试点答记者问》2013年11月27日，http://www.mof.gov.cn/zhengwuxinxi/caizhengxinwen/201101/t20110127_430873.html。

② 1984年，六届全国人大常委会第七次会议授权国务院在实施国营企业利改税和改革工商税制的过程中，拟定有关税收条例，以草案形式发布试行，再根据试行的经验加以修订，提请全国人大常委会审议。2009年6月27日，该授权决定被第十一届全国人民代表大会常务委员会第九次会议宣布即日起废止。

③ 1985年，六届全国人大三次会议授权国务院对于有关经济体制改革和对外开放方面的问题，必要时可以根据宪法，在同有关法律和全国人大及其常委会的有关决定的基本原则不相抵触的前提下，制定暂行的规定或者条例，颁布实施，并报全国人大常委会备案。这几乎是一份空白授权，赋予了国务院极大的经济立法权限。从范围上看，此次授权也完全覆盖了1984年的授权决定。

④ 《关于提请授权国务院改革工商税制和发布试行有关税收条例（草案）的议案》，(84) 国函字126号。

在此基础上，我们可以从法学视角对此次房产税试点作如下评论：首先，国务院对地方政府进行税收立法的转授权，不符合《立法法》规定。国务院常务会议同意部分城市进行房产税改革试点，实质就是将全国人大授予的税收立法权转授给地方政府。有观点认为，可以对细《房产税暂行条例》第10条规定的"施行则由省、自治区、直辖市人民政府制定"作广义理解，将上海、重庆的规定视为对《条例》中"个人非营利房产"的解释，从而回避转授权问题。但是，姑且不论此等"解释"已经明显带有立法的创制意味，这种观点也无法论证"施行细则"在税率上对《条例》的突破。从国务院常务会议的措辞上看，"同意在部分城市进行对个人住房征收房产税的改革试点，具体征收办法由试点省（自治区、直辖市）人民政府从实际出发制定"，已经清楚地传达出授权制定地方性规定的含义。[①] 因此，国务院同意地方进行房产税试点的实质就是转授权，而这与《立法法》第10条规定的"被授权机关不得将该项权力转授给其他机关"产生了直接冲突。[②]

其次，地方政府规章与上位法相冲突。即使不考虑转授权问题，上海、重庆的房产税"暂行办法"也直接与《房产税

---

① 《国务院同意部分城市进行对个人住房征收房产税改革试点》，2013年11月27日，http://news.xinhuanet.com/2011—01/27/c_121032896.htm。

② 虽然《立法法》出台时间晚于1985年授权决定，但从法理上看，自该法生效之日起，新制定、修改和废止的法律、法规、规章都应当依据其规定。

暂行条例》相冲突。国务院在授权地方政府进行改革试点时，并没有修改该《条例》，也没有提及在相关地区暂时停止该《条例》部分条款的适用。① 因此，该《条例》仍然在上海、重庆具有效力，不会因为地方政府规章的出台而自动失效。相反地，《房产税暂行条例》属于行政法规，其效力高于地方性法规、规章。虽然沪、渝出台的“暂行办法”是对《条例》的“改革”，但改革本身并不能够成为违反上位法的合法化事由。

再次，地方政府规章不能成为房产税征收依据。《税收征收管理法》第3条规定：“税收的开征、停征以及减税、免税、退税、补税，依照法律的规定执行；法律授权国务院规定的，依照国务院制定的行政法规的规定执行。”而两地的房产税。“暂行办法”既不是法律，也不是行政法规，因而不能成为税收征收的依据。

（二）法治建设与路径变迁

需要说明的是，这种合法性审思并不是无意义的吹毛求疵，更不是想以此“否定”或“阻挠”房产税改革的进程。客观地说，行政试点模式曾发挥过相当大的积极作用，但在推进法治中国建设的大背景下，遵守法律、尊重法律更应当成为改革的基本共识和行为准则。《决定》提出要建立健全全社会忠于、遵守、

① 作为对比的是，中国（上海）自贸区开展行政审批改革之前，就专门报请全国人大常委会批准暂时停止相关法律中部分条款的适用。

维护、运用宪法法律的制度，一切违反宪法法律的行为都必须予以追究，这就要求改革必须在法律的框架内进行。法律有缺陷不能成为否定法律的理由。①“良性违宪”、“良性违法”在中国法律体制极不完善的特殊年代中可能尚有一定合理性，但在社会主义法律体系已经建立的今天，就是完全不可取的了。②

学界认为，新中国法治建设可以分为“法律工具主义”——“法律虚无主义”——“法律经验主义”——“法律理念主义”四个阶段。目前第四阶段刚刚开始，其标志是依法治国、私权点路径正是从“法律经验主义”走向“法律理念主义”的一个体现，也是法治发展的必然趋势。房产税改革的行政试点路径缺乏稳固的法律基础，不符合法治国家的要求，也与党的十八届三中全会精神相违背，长远来看是不稳定、不协调、不可持续的。③未来的房产税改革应当“告别”行政试点，寻求法治框架内的优选路径。

① 顾功耘：《宪法法律在治国理政中的定位反思》，《法学》2013 年第 1 期。

② 姜明安：《发展、改革、创新与法治》，载《中共中央党校学报》2011 年第 4 期。

③ 进一步看，行政试点的合法性瑕疵也会给实践带来不利影响。例如，试点的决策、评估过程完全由政府主导，对外则“秘而不宣”，因此纳税人的知情权、参与权得不到必要的尊重。这导致了方案公布前传言四起、公布后质疑不断的局面，也容易对市场造成不必要的扭曲，损害了决策的公信力与民众的纳税遵从。

二、路径选择：房产税改革法治化

（一）可能的改革路径

在符合法治要求的前提下，房产税改革主要有两条可选路径：一是由国务院修改《房产税暂行条例》；二是由全国人大及其常委会制定《房产税法》。① 二者看似相近，但立法主体不同的背后实际上存在着民主性、科学性与立法成本上的重大区别。

一般来说，立法的位阶越高，其制定程序越正式、规范、透明，法案的科学性也越有保障。相应地，其耗费的立法成本也更加高昂，所需时间一般也更长。划分法律位阶，就是为了合理配置立法资源，对重要性不同的事项采纳不同的立法程序。进一步看，法律的制定机关同时也是最高民意代表机关，因而天然地具有民主性。行政法规的制定机关是最高行政机关，但它与民意的联系是间接的，且很容易因为兼具立法与执法的职能而导致权力膨胀。洛克曾一针见血地指出，“如果同一批人同时拥有制定和执行法律的权力，这就会给人们的弱点

① 关于扩大房产税试点，社会和学界上都有不少支持的声音。不过，试点只是暂时性的尝试，最终还是要回到这两条路径上来，因此不作为独立的选择。后文将会专门对法治框架下的房产税试点进行分析。

以绝大诱惑，使他们动辄要攫取权力，借以使他们自己免于服从他们所制定的法律，并且在制定和执行法律时使法律适合于他们自己的私人利益。”“[①] 因此，制定法律还是行政法规，不仅仅是程序和位阶上的区别，二者本质上存在行政主导与立法主导的根本性差异。

《决定》提出“加快房地产税立法并适时推进改革”，有观点认为这一表述仅仅是指由国务院修订《房产税暂行条例》。其实这是一种误读，没有准确地理解《决定》的精神。应当看到，《决定》在第 27 条“推动人民代表大会制度与时俱进”中写入“落实税收法定原则”，在第五部分“深化财税体制改革”中将“完善立法”放在改革目标的首位，并且在第九部分“推进法治中国建设”中着重强调了“完善规范性文件、重大决策合法性审查机制”、“加强对行政执法的监督”等要求。这些前后呼应的提法明确地表明，法治中国离不开一个在立法与监督上积极发挥更大作用的人民代表大会制度。从对房地产税改革的表述本身来看，《决定》使用的是“加快立法”并“适时推进改革”，而非“加快改革”并“适时立法”，这也传达出重视房产税立法的清晰信号。同时，房产税改革还需要和土地增值税、城镇土地使用税、耕地占用税的改革一起统筹考虑，整体推进房地产税制改革。本文认为，《决定》已经为未来的房产税改革指明了

① ［英］洛克：《政府论（下）》，叶启芳等译，商务印书馆 1996 年版，第 89 页。

路径，那就是落实税收法定原则，通过全国人大制定《房产税法》的方式来推进改革。

（二）税收法定的时代呼唤

税收法定原则，又称税收法律主义，是当今各国通行的税法基本原则。1215 年的英国《大宪章》被公认为税收法定原则的源头。① 自此之后，伴随着"无代表则无税"（No taxation without representation）的斗争，现代议会制度乃至整个民主政治制度才正式奠基。可以说，税收法定主义的确立与发展过程，也就是国家从封建走向民主、从专制走向自由、从人治走向法治的过程。时至今日，无论在经济水平、文化观念、社会传统等方面存在何种差异，凡是倡导与实行法治的国家，无不普遍奉行税收法定，且大多将其写入宪法之中。②

① 英国《大宪章》规定："一切盾金或援助金，如不基于朕之王国的一般评议会的决定，则在朕之王国内不允许课税"。然而，盾金或援助金只是带有封建色彩的上缴金，而非近代意义上的税收，且一般评议会也只是封建贵族的代表机构而已。因此，这并不是近代意义上的税收法定原则。当然，对国王的课税权加以限制，的确对税收法律主义的形成和发展具有极大影响。

② 例如，《美国宪法》第 1 条规定："一切征税议案应首先在众议院提出。"《日本宪法》第 84 条规定："新课租税或变更现行租税必须有法律或法律规定的条件为依据。"《埃及宪法》也规定："只有通过法律才能设置、修改或取消公共税捐。"

不过，正如习近平总书记在对《决定》进行说明时所指出的那样："财税体制改革需要一个过程，逐步到位。"落实税收法定原则也需要一个循序渐进的过程。要求短时间内将所有税种都制定法律，可能并不现实。更为理性的选择是分清轻重缓急，将条件相对成熟、社会关注度最高的税种先行立法。在本轮税制改革中，"营改增"和房产税改革是主要推进方向。相比之下，房产税立法更显重要。"营改增"主要是减轻税负，因此在人大立法之前，还可以通过国务院修改行政法规的形式进行。而房产税改革则是要扩大征收范围，涉及到增加税负。同时，房产税是直接税，纳税人对增税的反应最为敏感、直接，因而非常需要通过立法来推进改革，以此凝聚共识、减小阻力。本文认为，房产税立法应当成为落实税收法定原则的突破口。

（三）立法与改革的良性互动

目前，反对房产税立法[①]的主要理由有两点：一是认为立法耗时太长、耽误改革；二是认为人大没有能力立法。其实，这些担心很大程度上是没有必要的。对于第一种意见，我们应

① 准确地说，是"反对房产税直接立法"。相当一部分主张修改《房产税暂行条例》的学者，其实也认同税收法定原则，只是他们认为现在立法条件还不成熟，故主张分"两步走"，即目前先修改行政法规，未来再择机立法。

当认识到，改革不能唯效率论。对于一些条件比较成熟、主要面临技术问题的改革事项，当然应该尽快推进。而对于一些目标和方案尚不清晰、面临整体性复杂问题的改革事项，我们需要更多的智慧和耐心。就房产税而言，现行制度非常粗疏，且很多地方已经与时代脱节，整体税制需要较大的改动。[①]但是，目前社会上还缺乏必要的共识，即使对房产税征收目的的理解也存有分歧。[②]房地产统一登记、财产评估等配套制度刚刚起步，建立尚需时间。可以说，房产税改革是焦点，是重点，也是难点，因此需要更多的耐心、更多的共识、更多的智慧。盲目追求尽快推进房产税改革，恐怕并不能起到预期效果，反而会耗费不必要的成本，甚至使人民对改革的信心受挫。《决定》提出“适时”推进改革，也正是表达了审慎稳妥、不急于求成的态度。对于第二种意见，笔者认为，虽然全国人大确实有待加强能力建设，但只有在积极开展立法活动的过程中才能真正与时俱进、不断完善。况且，全国人大目前已经制定了 200 余部法律，其立法经验和立法技术早已不同于 1985 年作出授权

---

① 一个例子是，《房产税暂行条例》全文仅有 11 条、650 余字，足可见其简略程度。

② 对于房产税的主要目的，社会上主要有组织收入、调节分配、调控房价等观点，争议主要集中在房产税是否对房价具有调控作用上。支持方如贾康：《再谈房产税的作用及改革方向与路径、要领》，载《国家行政学院学报》2013 年第 4 期。反对方如周清：《房产税改革试点成效评析与政策调整》，载《税务研究》2012 年第 10 期；黄茂荣：《如何调控不动产价格》，中国财税法学研究会、韩国税法学会主办“第四届中韩财税法国际学术研讨会”会议论文，第 127 页。

立法决定时的局面。总体来看，这些反对观点没有清晰地认识到改革与立法的关系，也没有很好地理解“落实税收法定原则”的要求。所谓“落实”，不仅仅要在观念上加以确立、在纸面上加以宣示，更要在改革中将税收法定付诸实践，尽快把各个税种的相差规定上升到法律层面。

进一步看，立法对于推进房产税改革也具有重要的引领、促进与保障作用。历史已经表明，成功的经济改革与发展靠的是法治，继续推进经济改革与发展仍然要靠法治。[①] 随着改革形势越来越复杂，各方利益交织盘错，改革的目的正当性及其实现手段往往很难判断，也很难保证政治精英们的决策一定是明智而合理的。[②] 同时，随着权利意识的觉醒和大众媒体的发展，民众对于税收的关注度不断上升，并且很容易产生“税收焦虑”。[③] 特别是由于收入公平分配越来越成为我国面临的重大挑战，而税收直接置身于国民财富分配领域，对于促进分配正义的作用最为明显和直接，也因此尤其容易招致人们的不满与质疑。在这个时候，“把价值问题转换为程序问题来处理也是

① 顾功耘：《法治经济建设与经济体制改革》，载《法制与社会发展》2013年第5期。

② See Robert Dahl. Democracy and Its Critics, Yale University Press, 1989, p. 337.

③ 对此，英国古典经济学家威廉·配第曾有一段精辟的描述：“国民的心态是通过拖延、抵触以至完全逃避纳税，因为他们怀疑政府课税过重，从而税款被挪用、挥霍或者课税不公。”［英］威廉·配第：《赋税论》，马妍译，中国社会科学出版社2010年4月版，第34页。

打破政治僵局的一个明智选择。”[①]我们可能无法把蛋糕分得让所有人都满意，却可以通过分蛋糕的公正程序和民主参与来增强结果的科学性与正当性。而立法恰恰提供了利益表达的有效平台，能够“经由辩论、公开、协商、斡旋、妥协而理性权衡不同冲突利益，在公开之意思形成中，决定公共事务。”[②]立法作为顶层设计的最优形式，能够通过透明、规范、正式的利益博弈过程来弥合分歧、寻求“最大公约数”，从而增强改革成果的民意基础与可接纳度。从实践效果看，近年来的税制改革中，那些行政主导的“闭门决策”的合法性、科学性往往招致民众的质疑与非议的。目前，对房产税制根本性变革所需要解决的土地财政惯性问题，很难期望试点来撼动。改革面临的主要问题，如功能定位、税制的公平性、产权问题等，也不是主要靠“试错”能解决的，更多地要依靠顶层设计。在这个过程中，房产税试点仍然是必要的、有益议。[③]而车船税等通过“开门立法”推进的项目，但却不需要急于扩大。面对复杂的矛盾，则获得了广泛的积极响应，以程序上的民主公开赢得了普遍认同。

---

① 季卫东：《法律程序的意义——对中国法制建设的另一种思考》，载《中国社会科学》1993 年第 1 期。

② 葛克昌：《地方课税权与纳税人基本权》，载葛克昌：《税法基本问题（财政宪法篇）》，北京大学出版社 2004 年版，第 172 页。

③ 例如，2007 年 5 月 30 日凌晨，财政部突然上调证券交易印花税税率至3‰。其目标在于防止过度投机，可能确实具有目的正当性，但由于程序不公开、不透明、不规范而受到了广泛的诟病，被戏称为“半夜鸡叫”。

结 论

党的十八届三中全会提出了“现代财政制度”和“科学的财税体制”的概念，并且多次强调制度在财税领域的重要性。而制度的关键就是法治，制度建设的核心在于法治建设。在推进法治中国建设的大背景下，改革和发展都要更多依靠法治推动，法治也要根据改革发展的要求不断完善。① 在这个意义上，我国深化财税体制改革的过程也必然是经由财税法制走向财税法治的过程。具体到房产税改革来说，法治化既是其制度目标，也是其优选路径。其实，从行政主导路径走向立法主导路径，本身也是一次改革，而且是制度和观念上的双重深刻变革。这一路径变革，不仅能够保障税制改革的顺利进行，而且也折射出了整个国家治理体系和治理能力朝向现代化的历史转型。

（原文刊载于《法学杂志》2014 年第 2 期）

① 《李克强主持召开国务院常务会议》，http://politics. people. com. cn/n/2013/1204/c1024—23746570. html，访问日期：2013 年 12 月 5 日。

责任编辑：曹　春
装帧设计：木　辛　汪　莹

图书在版编目（CIP）数据

房地产税离我们并不远 / 贾康等著. －北京：人民出版社，2015.3
ISBN 978－7－01－014490－0

I. ①房…　II. ①贾…　III. ①房地产税－研究－中国　IV. ① F812.42

中国版本图书馆 CIP 数据核字（2015）第 027536 号

房地产税离我们并不远
FANGDICHANSHUI LI WOMEN BING BUYUAN

贾　康　等著

人民出版社 出版发行
（100706　北京市东城区隆福寺街 99 号）

北京汇林印务有限公司印刷　新华书店经销

2015 年 3 月第 1 版　2015 年 3 月北京第 1 次印刷
开本：710 毫米 ×1000 毫米 1/16　印张：15.75
字数：150 千字

ISBN 978－7－01－014490－0　定价：33.00 元

邮购地址 100706　北京市东城区隆福寺街 99 号
人民东方图书销售中心　电话（010）65250042　65289539